Stöppel · Freizeitführer 983

Christina Brugger
Alexandra Fritschi

# Der Jakobsweg

## Von Pamplona
## nach Santiago de Compostela

STÖPPEL
FreizeitMedien

# Übersichtskarte

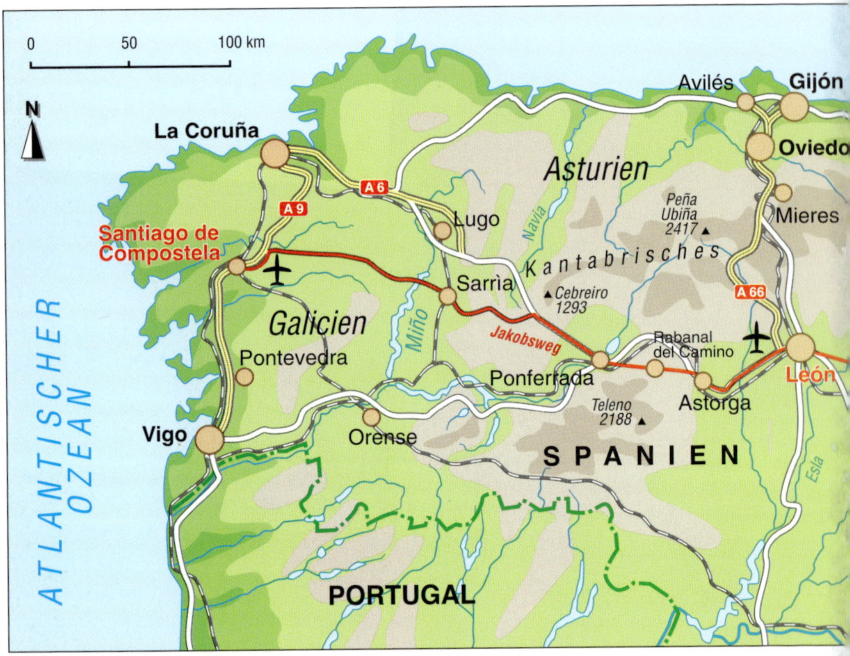

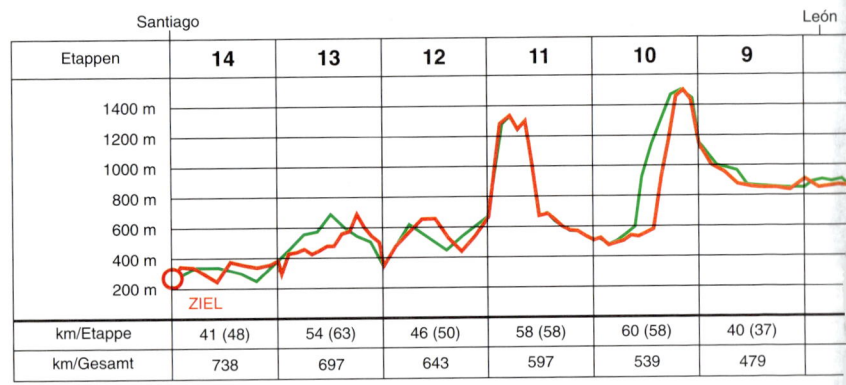

| Santiago | | | | | | León |
|---|---|---|---|---|---|---|
| Etappen | 14 | 13 | 12 | 11 | 10 | 9 |

| | | | | | | |
|---|---|---|---|---|---|---|
| km/Etappe | 41 (48) | 54 (63) | 46 (50) | 58 (58) | 60 (58) | 40 (37) |
| km/Gesamt | 738 | 697 | 643 | 597 | 539 | 479 |

| 8 | 7 | 6 | 5 | 4 | 3 | 2 | 1 | ← |
|---|---|---|---|---|---|---|---|---|
| | | | Burgos | | | Logroño | | Pamplona |
| (80) | 59 (62) | 54 (54) | 52 (68) | 70 (90) | 58 (57) | 43 (38) | 27 (23) | ← |
| 439 | 363 | 304 | 250 | 198 | 128 | 70 | 27 | ← |

Dieses Buch ist unserem Freund
Michael Hann gewidmet

Trotz größter Sorgfalt bei Recherche und Zusammenstellung der Touren in diesem Buch können Autorinnen und Verlag keine Gewähr für die Richtigkeit der Angaben übernehmen.

Anzumerken ist, dass immer wieder einige Abschnitte des Caminos und der Alternativroute von Straßenbaumaßnahmen betroffen sind. Gerade der Autobahnausbau verursacht Veränderungen in der Wegführung.

In jedem Fall freuen wir uns über Korrekturen, Anregungen und Verbesserungsvorschläge zu diesem Buch.

**Bildnachweis:**
Sämtliche Fotos von Adrian Raba und den Autorinnen.

**5. komplett neu überarbeitete Auflage, 2005**
© 2005 Stöppel FreizeitMedien GmbH, 86504 Merching
www.stoeppel.de

Karten: Computerkartographie Rolle, Holzkirchen
Satz: Der Buchmacher, Arthur Lenner, München
Druck: EOS, St. Ottilien
Printed in Germany

ISBN 3-89306-983-X

# Inhalt

## Die Etappen

### Symbolerklärung

| | |
|---|---|
| 🚴 | Streckeninformation, Schwierigkeitsgrad |
| R | Refugio, Alberghe, Herberge |
| 🛏 | Hotel, Pension |
| ⛺ | Camping |
| 🚲 | Fahrradwerkstätte, Fahrradgeschäft |
| ℹ | Information, (Oficina de Tourismo) |
| 🚌 | Öffentliche Verkehrsmittel |
| **km** | Entfernung |

# Die Faszination des Jakobsweges

Was bringt, abgesehen von religiösen Motiven, heutzutage Menschen dazu, sich auf eine fast 800 km lange, unmotorisierte Reise zu begeben? Das Faszinosum Pilgerweg läßt sich in seiner Vielschichtigkeit nur schwer erklären. Bei einer Fahrrad- oder Trekkingreise konventioneller Art stehen wohl Dinge wie Naturerlebnis, Findung individueller Grenzen und Abenteuerlust im Vordergrund. All das vermittelt der Pilgerweg quasi nebenbei.

Was die eigentliche Bedeutung dieser Reise ausmacht, wird jeder nachvollziehen können, der sich, egal ob im Konvoi oder im Alleingang, auf den Weg macht. Wie wenig unterscheiden sich plötzlich Menschen, die mit einem gemeinsamen Ziel einen gemeinsamen Weg beschreiten! Alle sind gleich, ungeachtet der Fortbewegungsart, der Nationalität oder Konfession. Spätestens dann, wenn man nach einem harten und erlebnisreichen Tag in einer Herberge gemeinsam ißt und trinkt, spürt man etwas von diesem Geist, der alle vereint.

Auch jene, die des kulturellen Interesses wegen unterwegs sind, werden neben einer sportlichen Pflicht eine kunsthistorische Kür ohnegleichen zu absolvieren haben. Vorbei an unzähligen sakralen wie profanen Baudenkmälern aus allen bedeutenden Epochen europäischer Baukunst bietet der Jakobsweg einen Kunstgenuß der besonderen Art.

In diesem Sinne - vamos amigos!

Muchas gracias a Angelika, Arnold, Wolfgang, Peter, Adrian, Michaela, Kali und all den anderen, die uns bei dieser Sisyphusarbeit immer wieder das Licht am Ende des Tunnels sehen ließen und uns genauso pragmatisch wie freundschaftlich zur Seite standen. In diesem Zusammenhang möchten wir uns außerdem besonders bei den Firmen ORTLIEB, ODLO UND CICLOSPORT für die hervorragende Ausrüstung bedanken.

*Christina Brugger*
*Alexandra Fritschi*

# Zu diesem Buch

Dieser Radwanderführer soll allen Bike-Pilgergenerationen nach uns jene Holzwege ersparen, auf denen wir bei unserem ersten Ausflug auf dem Jakobsweg mangels radspezifischer Literatur oft endeten. Doch ungeachtet so mancher Frustration nahm uns der „Camino de Santiago" mit seinen vielfältigen landschaftlichen Reizen und kulturellen Höhepunkten dermaßen gefangen, daß wir uns noch zweimal auf den Weg machten, um das Kernstück des Jakobsweges von Pamplona bis Santiago de Compostela zu dokumentieren, es Radlern verschiedenster Ambitionen und Fähigkeiten zugänglich zu machen und zur Nachahmung zu empfehlen. So soll Ihnen dieser Führer unabhängig von Zeit, Kondition, Ausdauer, Fahrkönnen, Material und Sündenlast Anregung, Ideenquelle, Leitfaden und nicht zuletzt Begleiter sein.

## Zur 5. neu überarbeiteten Auflage
Viele Jahre sind vergangen und zahlreiche „Bike-Pilger" waren mit unserem Buch unterwegs. Das größtenteils sehr positive Feedback unserer Leser bereitete uns viel Freude und war uns Anlass auch weiterhin für Aktualität und Qualität des Buches zu sorgen. So recherchierten wir im April 2004 erneut vor Ort. Das Ergebnis, eine vollständig neu überarbeitete Ausgabe, halten Sie nun in Ihren Händen. Wir hoffen, auch diesmal wieder, Sie auf dieser unvergleichlichen Reise gut zu begleiten.

## In Kürze:
- Wegbeschreibung des Original-Pilgerweges + Alternativroute (durchgehend auf Asphalt) + Angabe des Schwierigkeitsgrades
- Einteilung in 14 Tagesetappen + tabellarische Aufbereitung der Gesamtdistanz. Zur Erleichterung einer individuellen Zeitplanung (wo bin ich, was gibt es vor Ort, wie geht's weiter?) siehe Seite 164 ff
- Ausführliches Kartenmaterial und Stadtpläne
- Infos zur Infrastruktur der einzelnen Etappen und allgemein nützliche Hinweise
- Kulturhistorische Kurzexkursionen zu den jeweiligen Orten und Wegabschnitten
- Tipps zur Reisevorbereitung
- Fahrradspezifische deutsch - spanische Begriffe

und all das in benutzerfreundlicher und reich bebilderter Aufmachung.

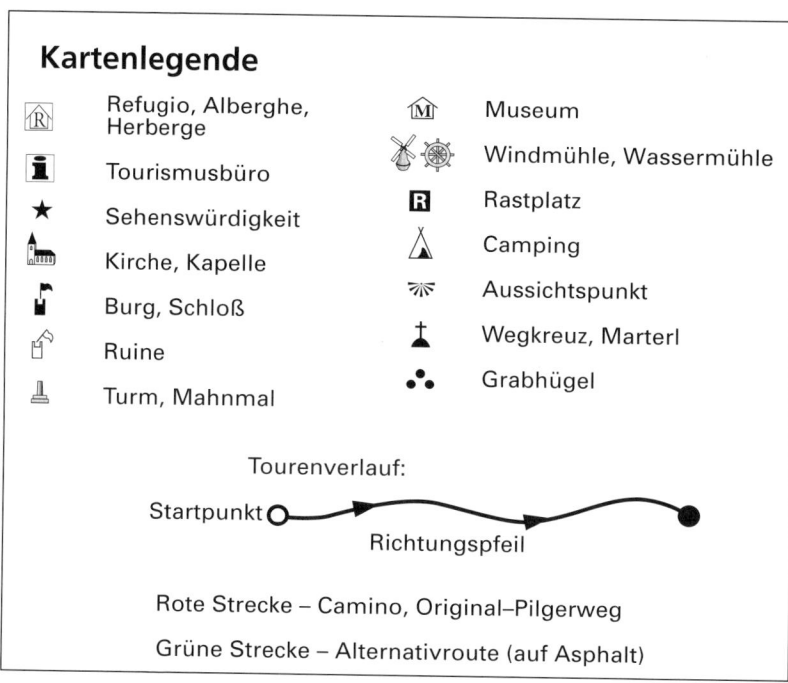

## Kartenlegende

| | |
|---|---|
| Ⓡ | Refugio, Alberghe, Herberge |
| 🅸 | Tourismusbüro |
| ★ | Sehenswürdigkeit |
| 🏛 | Kirche, Kapelle |
| 🏰 | Burg, Schloß |
| 🏚 | Ruine |
| ⚒ | Turm, Mahnmal |
| Ⓜ | Museum |
| 🌬⚙ | Windmühle, Wassermühle |
| Ⓡ | Rastplatz |
| ⛺ | Camping |
| ⁂ | Aussichtspunkt |
| ✝ | Wegkreuz, Marterl |
| ∴ | Grabhügel |

Tourenverlauf:

Startpunkt ○ ➤ ➤ ●

Richtungspfeil

Rote Strecke – Camino, Original–Pilgerweg

Grüne Strecke – Alternativroute (auf Asphalt)

# Ursprung des Jakobsweges

Um die Entstehung des Jakobskultes ranken sich zwei widersprüchliche Versionen. Der ersten und wohl auch unglaublicheren liegt folgende Geschichte zugrunde: In Solibo, nahe der prähistorischen Siedlung Amaea, offenbarte im ersten Drittel des 9. Jahrhunderts eine Lichterscheinung dem Einsiedler Pelagius, daß der Leichnam des Apostels Jakobus hier ruhe. Er verständigte den Bischof Theodemir von Iria Flavia von dieser Erscheinung, welcher daraufhin unter Fasten und Beten die von Lichtzeichen überstrahlte Stätte freilegen ließ. Und tatsächlich entdeckte man ein mit Marmor verkleidetes Grab, das von Theodemir ohne Zögern als Fund des in Vergessenheit geratenen Apostelgrabes bestätigt wurde.

Doch wie kam der Apostel Jakobus überhaupt nach Spanien? Der Geschichte nach verließ er das Heilige Land, um den Westen des Abendlandes zu missionieren. Nachdem er mehrere Jahre in Spanien das Evangelium gepredigt hatte, kehrte er nach Judäa zurück und starb dort den standesgemäßen Märtyrertod. Treue Jünger überführten seinen Leichnam auf einer wundersamen Seereise nach Galicien, wo sich ein großer Stein wie Wachs um den Sarg gelegt haben soll. Diese Legende war hinreichend, das Marmorgrab zu erklären. Nachdem König Alphons II. von diesem Fund erfahren hatte, ließ er an Ort und Stelle voller Ehrfurcht eine Kirche errichten.

In den ersten Jahrzehnten wurde diese durch einige Wunderheilungen bekannt gewordene Stätte lediglich von Gläubigen der näheren Umgebung "bepilgert". Bald erreichte die Nachricht von diesem sagenhaften Grab jedoch auch Regionen nördlich der Pyrenäen. Doch erst als die Mauren vertrieben und die Wege auf der Iberischen Halbinsel sicherer waren, entwickelte sich Compostela, neben Rom und Jerusalem, zu einem bedeutenden Wallfahrtsziel für Pilger aus aller Herren Länder. So entstand bald ein dichtes Netz von Jakobsadern durch das gesamte Europa, die sich alle hinter den Pyrenäen zu einem gemeinsamen Weg vereinten.

Der enorme Zustrom an Heilsuchenden - bis zu 500.000 Menschen pro Jahr - erklärt sich durch die tiefe Frömmigkeit des Mittelalters. Die spirituell-infrastrukturellen Folgeerscheinungen waren der Bau von Straßen und Brücken, die Grundsteinlegung neuer Klöster, Hospize und Kirchen sowie der unübersehbare architektonische Einfluß wandernder Baumeister.

Im Gegensatz zu den Pilgern unserer Tage mußten Glaubensreisende in jener Zeit nicht nur körperliche Strapazen auf sich nehmen, sondern waren auch mit Gefahren für Leib und Leben konfrontiert. In den menschenleeren Weiten und Bergwäldern, in denen die Orientierung ohnehin schwer genug war, lauerten zudem Raubmörder und Wegelagerer. So ist es nicht verwunderlich, daß eine große Zahl von Pilgerfriedhöfen den Weg säumen. Es konnte jedoch auch vorkommen, daß ein verschollen Geglaubter und für tot Erklärter nach Jahren wieder in seiner Heimat auftauchte. Umgehend mußte dann im Gemeindestammbuch der alte Eintrag durch ein glorreiches "Auferstanden!" ersetzt werden.

Im Laufe des 15. Jahrhunderts begaben sich jedoch mit einem Mal auch Menschen auf diese Reise, deren Motivation gerade noch ansatzweise religiös war: von den Ausschweifungen des dekadenten Le-

Die Autorinnen

bens an den europäischen Höfen gelangweilte Ritter und Adelsmänner und abenteuerlustige Draufgänger, die nirgendwo mehr etwas zu verlieren hatten. Zu ihnen gesellte sich in späteren Jahren eine ganz neue Spezies "Pilger". Jene nämlich, die als Sühne für begangene Straftaten, wie Mord und Brandstiftung, nach Santiago geschickt wurden. Diese wenig gottesfürchtige Meute ruinierte den Ruf der Wallfahrer, und der Niedergang der Pilgerbewegung war abzusehen. So ließ die nun oft grob mißbrauchte Hilfsbereitschaft den Reisenden gegenüber zunehmend nach. Nicht zuletzt machten auch die aufkommende Reformation und der Protestantismus den Wallfahrten ein Ende.

Nachdem die Reliquien des Jakobus beinahe in Vergessenheit geraten waren, kam es erst im 19. Jahrhundert zu einer Wiederentdeckung des Apostelgrabes. Nachdem Papst Leo XIII. die gefundenen Gebeine kraft seines Amtes für echt erklärt hatte, erlebten die Wallfahrten einen erneuten Aufschwung. Erst in jüngerer Zeit begann man, diese jahrhundertelang aufrechterhaltene Legende anhand historischer Recherche zu widerlegen. Berichten aus dem Heiligen Land zufolge soll die Grabstätte des Hl. Jakobus sich in Judäa, Palästina oder Marmacia

(Wüstengebiet zwischen dem Nildelta und der großen Syrte) befinden. Das Wort Marmacia wurde jedoch fehlerhaft aus dem Griechischen mit Marmorgrabmal übersetzt, was der Legende zufolge als unwiderlegbarer Hinweis für die Echtheit des Grabes gewertet wurde. Soviel zu Fehler Nummer eins.

Fehler Nummer zwei entstand aus der falschen Deutung des Namens Compostela. Man leitete ihn mit viel Akribie vom campus stelae - Feld der Sterne - ab und verwies dabei auf die Lichterscheinung, die den Eremiten zum Grab geführt haben soll. In neuerer Forschung geht man eher davon aus, daß der Name von compostum - Friedhof - kommt. Außerdem darf mit Recht davon ausgegangen werden, daß die durch den Einfall der Mauren in ihren Grundfesten erschütterte katholische Kirche Spaniens nach einem spirituellen Führer gegen die Ungläubigen sehnte. In dieser Situation schenkte man den gewagten Vermutungen des Einsiedlers gerne Gehör.

Rückblickend ist festzustellen, daß es sich bei dem Fund wohl kaum um einen bewußten Schwindel handelte, sondern vielmehr um eine Aneinanderreihung von Irrtümern und Halbwahrheiten mittelalterlichen Glaubenslebens. Der heilige Jakobus wurde in den folgenden Jahren zum kriegerischen Fanal für die Reconquista, und so konnte man abwarten, bis der Heilige in Gestalt eines Ritters erscheinen würde. In der Schlacht am Clavijo im Jahre 844 war es dann soweit. Jakobus schlägt als apokalyptischer Reiter die Mauren in die Flucht und gilt von nun an als transzendentaler Führer Reconquista.

In der säkularisierten Welt des 20. Jahrhunderts erlangte der „Camino de Santiago" jedoch eine andere Bedeutung. Heute zieht die historische Atmosphäre und das spirituelle Erlebnis des Pilgerwegs die Menschen in seinen Bann.

# Wer als Pilger gilt

Die spanische Vereinigung der Freunde des Jakobsweges gibt einen Pilgerausweis (Credencial de Peregrinos - zu erhalten auch in Pamplona, siehe Seite 28 und 32) für all jene heraus, die den Pilgerweg auf traditionelle Weise, entweder zu Fuß, zu Pferde oder mit dem Fahrrad, bereisen. Motorisierten Pilgern wird dieses Dokument vorenthalten. Sinn dieses Passes ist es, daß man sich als Pilger ausweisen

kann, Unterkunft in den Refugios erhält und sich durch Stempelein-
trag den zurückgelegten Weg bestätigen läßt. Bei Vorlage dieses
Nachweises erhält man im Pilgerbüro von Santiago de Compostela die
traditionelle Urkunde. Vorausgesetzt, man hat mindestens 100 km zu
Fuß oder 200 km per Rad oder Pferd zurückgelegt.

# Mit dem Rad unterwegs - Ausrüstung und Vorbereitung

Eine Tour von knapp 800 km, durch oft hügelige Regionen und über
zwei Gebirgspässe, setzt natürlich ein gewisses Maß an körperlicher
Fitneß voraus. Je nachdem, für welche Route (*Alternativroute* oder
Original-Pilgerweg *Camino*) Sie sich entscheiden, sollten Sie sich und
Ihr Material vor Reiseantritt auf Tauglichkeit überprüfen.

Der Original-Pilgerweg *Camino* konfrontiert den Radfahrer mit den
unterschiedlichsten Wegbeschaffenheiten. Es erwarten ihn breite
Forststraßen, schmale Hohlwege, sandige Pisten, lehmige Spuren,
Kieswege, mittelalterliche Steinstraßen, lockeres Geröll, Wiesen und
Wurzeln und manchmal auch Asphalt. So abwechslungsreich dies den
Camino macht, so stellt er damit aber auch sehr hohe Anforderungen
an Mensch und Material. Einige Wegstücke erfordern neben entspre-
chender Kondition auch Fahrtechnik und Geschicklichkeit. Der größte
Teil der Strecke ist zudem nur mit einem Mountainbike und sehr we-
nig Gepäck befahrbar, d. h. selbst die besten Satteltaschen, fachmän-
nisch und solide befestigt, verlieren unter den permanenten Schlägen
bald an Stabilität und sind zudem auf schmalen Passagen oft im Weg.
So ist es sinnvoll, lediglich mit einem kleinen Rucksack unterwegs zu
sein, dessen Packvolumen aber wohl kaum ausreichen wird, all Ihre
Reiseutensilien unterzubringen. Wer also dem *Camino* von Anfang bis
Ende treu bleiben will, ist auf ein Begleitfahrzeug angewiesen, das
Gepäck, über den Tagesproviant hinausgehend, transportiert.

Als Orientierungshilfen auf dieser Querfeldeinfahrt dienen gelbe Pfeile, Steinsäulen und Wegweiser, die in mühevoller Kleinarbeit von
Freunden des Jakobsweges meist zwar lückenlos, aber nicht immer
optimal angebracht sind.

Die von uns ausgearbeitete *Alternativroute* verläuft immer auf Asphalt und folgt weitgehend den Spuren des Jakobswegs. Sofern vorhanden, wählten wir wenig bis kaum befahrene Nebenstrecken, die Fahrgenuß ohne Verkehrsfrust bieten. Manchmal ergeben sich dabei ein paar zusätzliche Kilometer, die aber immer lohnend sind. Trotzdem gibt es auf manchen Teilstücken keine sinnvollen bzw. gar keine Ausweichmöglichkeiten, um dem Lärm und Gestank der Hauptverkehrsadern zu entgehen (Aber trösten Sie sich, solche Durststrecken gibt es auch auf dem Original-Pilgerweg). Ohne die Gefahr, die sich entlang dieser Verkehrsachsen ergibt, schmälern zu wollen, sei erwähnt, daß die meisten dieser Straßen mit einem sehr breiten Seitenstreifen versehen sind, der dem Radler etwas Abstand und Sicherheilt gibt.

Wer seine gesamten Habseligkeiten mit sich führen will, benötigt ein tourentaugliches Fahrrad mit einem stabilen Gepäckträger. Sinnvoll sind zwei Satteltaschen, eine Lenkertasche und eine Hülle für den Schlafsack. Hier haben sich die absolut wasserdichten und im Handling einfachen Produkte der Firma Ortlieb ausgezeichnet bewährt. Besonders wichtig ist die ausgewogene Verteilung des Gewichts. Das Werkzeug und die Trinkflasche sollten jederzeit griffbereit angebracht sein. Zu einer perfekten Vorbereitung gehört natürlich auch eine Probefahrt mit dem vollbepackten Fahrrad. Dadurch lassen sich einige zeitraubende Unannehmlichkeiten vermeiden, wie z.B. ein Gepäckträger, der unter der schweren Beladung die Grätsche macht, der die Taschen nicht in ausreichender Entfernung zu den Pedalen hält oder dessen Rohre zu dick für die Halterungen der Satteltaschen sind.

Achtung! Ein Kilometerzähler kann die Orientierung erleichtern, wobei es wenig Sinn macht, sich minutiös an unsere Kilometerangaben zu halten. Sie sollten eher als grobe Richtlinien dienen, die Wegbeschreibung und das von uns mitgelieferte Kartenmaterial ergänzen. Falls sich Fehler eingeschlichen haben, bitten wir um Nachsicht.

Nur ein satter Knecht, ist ein guter Knecht (alte Bauernweisheit)! Deshalb noch ein paar Worte zum Tagesproviant. Obwohl es selbst in den kleinsten Nestern meist einen Lebensmittelladen oder zumindest eine Bar gib, kann ein bis zu den Knien durchhängender Magen den Weg bis zur nächsten erlösenden Nahrungsquelle zu einer unvergleichlichen Marter werden lassen. Eine Brotzeitbox, gefüllt mit Käse, Schinken, Obst, Brot und natürlich ausreichend Wasser, sollte man deshalb stets dabei haben.

Begegnungen am Jakobsweg »

## Packliste

Generell gilt so wenig, so leicht und so viel Funktion wie möglich. Bei der Wahl der Bekleidung sind die unterschiedlichsten klimatischen Bedingungen zu berücksichtigen. So muß man sowohl mit extremer Hitze als auch mit Kälte und Nässe in den höhergelegenen Regionen rechnen:

Fahrradhelm (in Spanien besteht Helmpflicht!)
2 Fahrradhosen und 2 Trikots
Regenüberhose und Regenjacke
Warmer Pullover (Fleece, am besten mit Windstopper)
Kopfbedeckung (Sonnen- und Kälteschutz)
Fahrradhandschuhe
Helm
Fahrradtaugliche Schuhe
Warme Socken
Ein (!) bequemes Zivil-Outfit (als Pilger müssen sie keinen Modepreis gewinnen!)
Schlafsachen und Schlafsack
Handtuch und Waschzeug
(bei Kosmetika sollten Sie auf kleine Verpackungseinheiten achten)
Reisewaschmittel
Sonnenbrille
Sonnencreme (hoher Lichtschutzfaktor!)
Badebekleidung
Brotzeitbox
Taschenmesser
Taschenlampe
Trinkflaschen
Fahrradschloß
Reisedokumente
Reiseapotheke (Wundversorgung, Salbe gegen Sportverletzungen, Schmerzmittel, Salbe gegen Sonnenbrand und Mückenstiche)
Fahrradwerkzeug (Luftpumpe, Flickzeug, Ersatzschlauch, Imbusschlüsselsatz, kleine Zange, Schraubenzieher, Klebeband, Kettennietendrücker inkl. Ersatznieten, Bremszug, evtl. Ersatzschrauben, Schmiermittel, kleiner Putzlappen und ein Bürstchen).
Man beachte - das bestsortierte Werkzeug hilft nichts, wenn man nicht damit umgehen kann!
Spanischer Sprachführer und natürlich der Radreiseführer, in dem Sie gerade blättern.

Aus eigener leidlicher Erfahrung empfehlen wir, sich ein Hundeabwehrspray zu besorgen. Immer wieder begegnet man freilaufenden und manchmal ziemlich aggressiven Hunden. Das im Waffenhandel erhältliche Pfefferspray schlägt diese unangenehmen Zeitgenossen schnell, effektiv und nebenwirkungsfrei in die Flucht.

Zu guter Letzt - der Stein aus der Heimat. Er sollte auf keinen Fall in Ihrem Pilgergepäck fehlen. Abzugeben am Cruz de Ferro - dem höchsten Punkt des Pilgerweges (s.S. 114).

Auch wenn Sie das Gefühl haben, mehr mitnehmen zu müssen, beschränken Sie sich wirklich auf das Notwendigste! Sie werden sehr schnell merken, daß viele Dinge, von denen man meint, sie unbedingt zu brauchen, schnell zu lästigem Ballast werden. Auf dieser Reise gilt: weniger ist mehr! Außerdem können Sie vor Ort so gut wie alles nachkaufen.

# Regionen entlang des Jakobsweges

### Navarra

10 400 qkm; Hauptstadt: Pamplona

Navarra, eine der vier spanischen Provinzen des Baskenlandes, besticht durch seine vielfältigen Landschaften. Bewaldete Höhenzüge, Kalkberge und Tafelland wechseln sich ab mit weitem, fruchtbarem Ackerland. Im Süden, zu Aragonien hin, breiten sich dagegen wüstenähliche Trockengebiete aus.

### La Rioja

5000 qkm; Hauptstadt: Logroño

Hört man Rioja, denkt man sofort an Wein. Hier gedeihen die berühmtesten Reben Spaniens. Der fruchtbare Boden des Ebrotals und das warme Klima der La Rioja schenken diesen edlen Tropfen ein unverwechselbares Buket. Dennoch ist der Weinanbau nicht die Haupteinnahmequelle der Rioja. Östlich von Logroño ist die Landschaft von Gemüse- und Obstkulturen geprägt.

## Kastilien-León

94 000 qkm; neun Provinzen: Zamora, Salamanca, Palencia, Valladolid, Ávila, Burgos, Segovia und Soria; Hauptstadt: Valladolid

Kastilien - das Kernland Spaniens - ist mit seinen kahlen, eintönigen Hochflächen nicht gerade vom Klima begünstigt. Ist es im Winter ein Kühlhaus, gleicht es im Sommer einem Backofen. Doch gerade die öde wirkende Meseta bringt bezaubernde Farbschattierungen und intensivste Kontraste hervor. Die für diese Gegend typischen Lehmziegelbauten der Dörfer fügen sich organisch in die Landschaft.

Etwa 50 km hinter León ändert sich plötzlich das Landschaftsbild. Durch die farbenprächtige Heidelandschaft der Montes de León erreicht man das vom Klima begünstigte, fruchtbare Bierzo. Der Name Kastiliens rührt von den zahlreichen Burgen und Kastellen her, die dieses bis ins 10. Jahrhundert von den Mauren heftig umkämpfte Gebiet sichern sollten.

## Galicien

29 400 qkm, vier Provinzen: Lugo, Orense, Pontevedra und La Coruña; Hauptstadt: Santiago de Compostela

Seit Jahrtausenden ist Galicien ein dichtbesiedeltes Kulturland. Und obwohl die üppig grüne Landschaft mit unzähligen bewaldeten Hügeln, offenen Wiesenflächen und überall strömendem Wasser den Eindruck erweckt, es handle sich um eine fruchtbare Region, geben die Böden hier nur wenig her.

In manchen Gegenden fühlt man sich fast in mittelalterliche Zeiten zurückversetzt. Mühsam bewirtschaften die Bauern heute noch ihre Äkker mit Ochsengespannen, und durch die traditionelle Erbteilung entstanden weit verstreute, kleinste Ackerflächen, die die Familien nicht mehr ernähren können. Im Wirtschaftsleben Galiciens spielt lediglich der Fischfang in den fjordähnlichen, tief ins Land geschnittenen Meeresbuchten (Rías), eine gewisse Rolle.

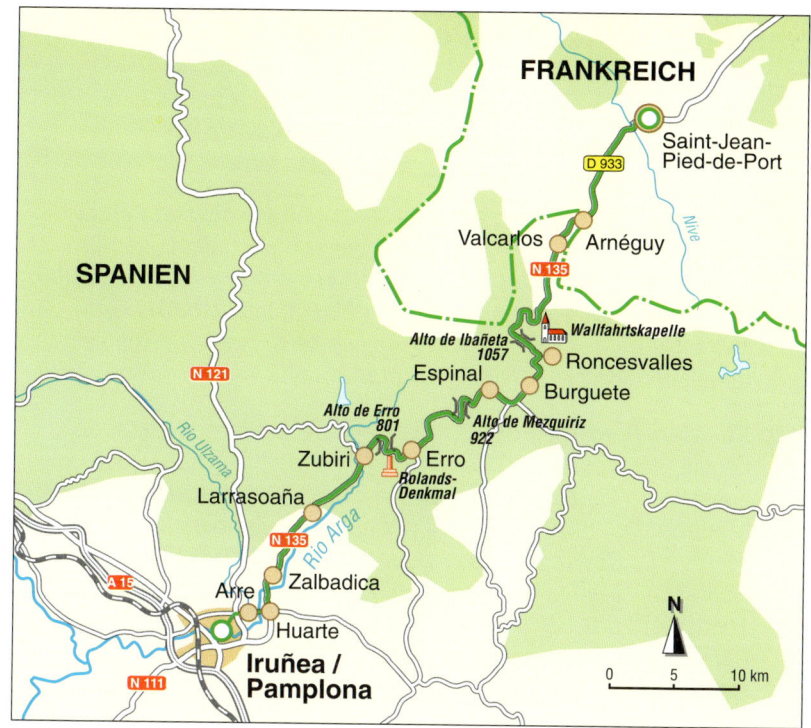

# Überquerung der Pyrenäen

Für den Pilgerweg nach Santiago gibt es keinen bestimmten Anfangspunkt. Manche radeln bereits von zuhause los, die meisten beschränken sich jedoch auf den spanischen Jakobsweg. Hier auf der Iberischen Halbinsel vereinen sich sämtliche europäischen Jakobsrouten zu einem gemeinsamen Weg, und auch das „System" der Pilgerschaft mit seinem Geist und seiner Struktur ist noch intakt. Die traditionellen Einstiege in den spanischen Jakobsweg sind Saint-Jean-Pied-de-Port (Ibañeta-Paß bzw. Ciza-Paß) und Puerto de Somport (Somport-Paß) in den Pyrenäen.

Wir allerdings wählten Pamplona als Startpunkt, um die Gesamtstrekke bis Santiago in vierzehn, nicht zu langen Tagesetappen einteilen zu können. Die knackige und schweißtreibende, aber auch landschaftlich sehr reizvolle Hochgebirgspassage über den Ibañeta-Paß wollen wir Ihnen trotzdem nicht vorenthalten. Deshalb ein kurzer Abriß des Streckenverlaufs auf der Landstraße.

# Saint-Jean-Pied-de-Port - Roncesvalles - Pamplona

## Toureninfos

 **St.-Jean-Pied-de-Port:** ein städtisches und ein privates Refugio, beides in der Rue de la Citadelle, in der sich auch das Pilgerbüro befindet; **Roncesvalles:** Beim Kloster, keine Küche (57 Pl.+); **Zubiri:** Ungepflegte Herberge ohne Küche ( 60 Pl.); **Larrasoaña:** nette kleine Herberge (16 Pl.); **Arre:** angenehme Klosterherberge bei mittelalterl. Brücke (30 Pl.); **Pamplona:** siehe Info Pamplona, S. 26

 **St.-Jean-Pied-de-Port:** \*\*\* Les Pyrénées, Place Général de Gaulle, 19, Tel. (05 59) 37 01 01 ; \*\* Hotel Central ; Place Général de Gaulle, 1, Tel. (05 59) 37 00 22 ; **Valcarlos:** \*\*Hostal Maitena, Tel. (948) 79 02 10 ; Pension Andikoberi, Tel. (948) 79 01 37 ; **Roncesvalles:** Hostal Sabina, Tel. (948) 76 00 12 ; Hostal La Posada, Tel. (948) 76 02 25 ; **Erro:** Hostal Erro, Tel. (948) 76 81 20 ; **Zubiri:** Hosteria Zubiri, Tel. (948) 30 43 29 ; **Larrasoana:** Pension El Camino, Tel. (948) 30 42 50 ; **Pamplona:** siehe Info Pamplona, S. 26

 **St.-Jean-Pied-de-Port:** Camping Municipal, Av. Du Fronton, Tel. (05 59) 37 11 19 ; Camping de l'Arradoy, Chemin de Zalicart, 4, Tel. (05 59) 37 11 75 ; **Pamplona:** siehe Info Pamplona, S. 26

 **St.-Jean-Pied-de-Port:** Maya Sports, Av. Du Jai, 18, Tel. (05 59) 37 15 98; Pamplona : siehe Info Pamplona, S. 27

 **St.-Jean-Pied-de-Port:** Place de Gaulle, 14, Tel. 0033 (0) 55 93 70 357; **Pamplona:** siehe Info Pamplona, S. 27

 **St.-Jean-Pied-de-Port:** Bahnhof, Rue de 11 Novembre, Zugverbindung Bayonne – Saint-Jean-Pied-de-Port

 Arneguy 8 km - Valcarlos 11 km - Alto de Ibañeta 26 km - Roncesvalles 27 km - Burguete 29,5 km - Espinal 34 km - Alto de Mezquíriz 38 km - Viscarret 39,5 km - Erro 45 km - Alto de Erro 48 km - Zubiri 54 km - Larasoaña 58 km - Zuriáin 62,5 km - Iroz 64 km - Zabaldica 64,5 km - Huarte 69 km - Vilava 70 km - Burlada 72 km - Pamplona 75 km

## Wegbeschreibung:

Wir verlassen Saint-Jean-Pied-de-Port auf der D-933 Richtung Pamplona (Pampelune). Im engen Tal der kleinen Nive überquert man bei Arneguy die alte französische Grenze. Hier wird die D-933 zur N-135 und führt nun erst sanft und später stramm bergauf durch die majestätische, saftig grüne Pyrenäenlandschaft bis zum Alto de Ibañeta (1057 m).

Am **Alto de Ibañeta** erinnert eine kleine Wallfahrtskapelle an das frühere **Kloster El Salvador** (zum erstenmal im 11. Jahrhundert urkundlich erwähnt). Nach Sonnenuntergang oder bei schlechten Sichtverhältnissen läutete ein Mönch beharrlich die Glocken, um den Pilgern die Orientierung zu erleichtern. Zum Andenken an die im Rolandslied besungene letzte Schlacht des legendären fränkischen Feldherren wurde hier ein **Naturstein-Denkmal** errichtet.

Wir rollen bergab nach Roncesvalles.

**Roncesvalles:** Bereits in alter Zeit war der Paß einer der wichtigsten Nord-Süd-Verbindungen. Geprägt durch große Ereignisse des Mittelalters erlangte Roncesvalles weltweite Bekanntheit. Karl der Große wählte diesen Pyrenäenübergang für seinen Spanienfeldzug. Aber auch für Pilger aus Frankreich war Roncesvalles mit seinem großen Spital eine wichtige Station. Die Gastfreundlichkeit der Augustinerdomherren, die jedem vorbeiziehenden Wallfahrer mehrere Übernachtungen, freie Kost und Krankenpflege gewährten, wurde über Jahrhunderte in zahlreichen Schriften und Dankesbezeugungen gelobt.Die Gründung des **Spitals** erfolgte im 12. Jahrhundert, sein heutiges Aussehen ist allerdings stark geprägt durch die Umbauten und Erweiterungen aus dem 16. Jahrhundert. Die dreischiffige **Klosterkirche Real Colegiata** gilt als eines der schönsten gotischen Bauwerke des beginnenden 13. Jahrhunderts in Spanien. Beispielhaft trug sie zum Übergang von der Romanik zur Gotik bei. Ihr Inneres beherbergt eine wertvolle, aus Zedernholz geschnitzte und mit Silber und Edelsteinen verzierte Madonnenstatue. Der Legende nach wurde sie von einem Hirsch entdeckt, der in seinem Geweih einen Stern trug. Der reiche Kirchenschatz der Klosterkirche und die königliche Gruft lohnen ebenfalls eine Besichtigung. Außerdem ist die romanisch-gotische **Santiago-Kirche** (12. Jh.) sehenswert.

Weiter geht es gemütlich bergab auf der N-135 durch das Straßendörfchen Burguete. Hinter Espinal folgt der Anstieg zum Alto de Mezquíriz (922 m). Wir rollen über Viscarret nach Erro und treten hinauf zum Alto de Erro (801 m).

Abwärts fahren wir über Agorreta nach Zubiri. Stets parallel zum Rio Arga führt uns die Straße durch die Dörfer Larrasoaña, Zuriáin, Iroz und Zalbadica. Achtung! Für die Stadteinfahrt folgen wir im ersten Kreisverkehr nicht der Ausschilderung Pamplona, sondern fahren geradeaus auf die NA-30 Richtung Francia. Rechts bergauf über eine große Betonbrücke (hier kreuzt der Pilgerweg), dann bergab und im nächsten Kreisverkehr Richtung Pamplona norte. Nach ca. 200 m auf der NA-30 zweigen wir links, bevor es bergauf geht, in eine kleine Einbahnstraße ab. Wir erreichen nach 250 m das Refugio von Arre und können nun den gelben Pfeilen durch die Stadt folgen.

# Etappenübersicht

**1**   Pamplona - Puente la Reina (A 23,4 km / C 26,7 km)

**2**   Puente la Reina - Estella - Los Arcos (A 39,3 km / C 43,2 km)

**3**   Los Arcos - Viana - Logroño - Nájera (A 56,6 km / C 57,5 km)

**4**   Nájera - Santo Domingo de la Calzada - San Juan de Ortega
    (A 89,7 km / C 69,7 km)

**5**   San Juan de Ortega - Burgos - Hontanas (A 68,1 km / C 52 km)

**6**   Hontanas - Castrojeriz - Frómista - Carrión de los Condes
    (A 54,2 km / C 53,2 km)

**7**   Carrión de los Condes - Sahagún - El Burgo Raneros
    (A 61,8 km / C 59 km)

**8**   El Burgo Raneros - León - Hospital de Órbigo
    (A 79,7 km / C 76,1 km)

**9**   Hospital de Órbigo - Astorga - Rabanal del Camino
    (A 37,4 km / C 39,9 km)

**10**  Rabanal del Camino - Ponferrada - Villafranca de Bierzo
    (A 58 km / C 59,8 km)

**11**  Villafranca de Bierzo - O Cebreiro - Triacastela (A/C 58 km)

**12**  Triacastela - Samos - Sarria - Portomarín (A 49,3 / C 46,4 km)

**13**  Portomarín - Palas de Rei - Arzúa (A 62,6 km / C 54,1 km)

**14**  Arzúa - Santiago de Compostela (A 48,1 km / C 41 km)

Wegmarkierungen entlang des „Camino" »

# Pamplona

Die heutige Provinzhauptstadt von Navarra - Pamplona - liegt auf einem Hügel im Tal des Rio Arga. Im Jahre 75 vor Christus errichtete hier Pompeius Magnus eine Siedlung, die sich Pompaelo nannte.

Nacheinander bemächtigten sich die Westgoten, die Franken und schließlich 738 die Mauren der Stadt. 750 konnten die Basken, mit Hilfe von Karl dem Großen, die Mauren vertreiben. Auf dem Rückzug seines Spanienfeldzuges besetzte er dann Pamplona und ließ die Befestigungsmauern zerstören (wußte er nicht, was er wollte?). Aus Rache legten die Basken daraufhin 778 bei Roncesvalles einen Hinterhalt und vernichteten die Nachhut des Heeres Karls unter Führung des legendären Roland. 905 wurde Pamplona unter Sancho dann Hauptstadt des Königreiches Navarra und blieb dies, bis die Stadt 1512 von Kastilien annektiert wurde und seitdem zum Stammland Spaniens gehört.

Heute ist Pamplona für seine wilde Fiesta, das San-Fermín-Fest (6.-14. Juli) bekannt. Jedes Jahr lockt dieses Spektakel Tausende von Besuchern an. Wer in dieser Zeit in der Altstadt unterwegs ist, wird unweigerlich mitgerissen von der tanzenden und singenden Menschenmenge, die nur noch eines will: feiern bis zum Umfallen. Überall spielen Kapellen und der Wein fließt in Strömen; jegliche abendländische Zivilisation löst sich in exzessivem Alkoholgenuß auf.

Am Morgen des zweiten Tages zieht ein Prozessionszug mit der Reliquienstatue des Heiligen, begleitet von riesigen Pappmachéfiguren, die Könige und Persönlichkeiten der Stadtgeschichte karikieren, durch die Straßen. Am beliebtesten ist jedoch der Stierlauf (encierro). Jeden Morgen der sieben Stierkampftage, um Punkt 8 Uhr, verkündet ein Schuß, daß die für die Corrida am Nachmittag vorgesehen Stiere durch die abgesperrten Gassen zur Arena gejagt werden.

Mutige junge Männer schwingen sich über die Absperrungen und rennen vor den Schwergewichtern her. Jeder flüchtet so schnell er kann vor den spitzen Hörnern, hat Angst und genießt zugleich den unglaublichen Nervenkitzel. Die Atmosphäre dieser Festtage hat Hemingway in seinem Roman „Fiesta" unübertroffen beschrieben.

Nähere Informationen bekommt man über das Oficina de Turismo

*Sehenswertes*

Den Mittelpunkt der Stadt bildet die große, baumbestandene **Plaza del Castillo**. In der Südwestecke befindet sich der **Palast Diputación Floral**. In dem klassizistischen Gebäude tagt heute das Gericht. Von der Plaza del Castillo führt die Hauptpromenade, der Paseo de Sarasate, zur festungsartigen **Kirche San Nicolás**. Die dreischiffige Kirche entstand im 13. Jahrhundert und besitzt romanische Elemente. Die kleinen sehenswerten Altäre stammen aus der Barockzeit. An der Nordseite der Plaza lädt die von Hemingway geschätzte, stimmungsvolle Jugendstilbar Iruñea zu einem Besuch ein.

Nordwestlich der Plaza del Castillo befindet sich nahe der Plaza Consistorial, dem Mittelpunkt der Altstadt, die **Kirche San Saturnino**. Im 13. Jahrhundert erweiterte man die ursprünglich romanische Kirche um eine Vorhalle und ein Gewölbe im gotischen Stil. Östlich der Plaza del Castillo, an der Calle de Ameia, liegt die Stierkampfarena, davor eine Büste Ernest Hemingways.

Über die Calle de Mercadores und die Calle Curia gelangt man zur erzbischöflichen **Kathedrale**. Am Bau des ursprünglich romanischen Gotteshauses war einer der bedeutendsten Baumeister des Pilgerwegs beteiligt, Meister Esteban. 1390 wurde sie durch einen Brand zerstört und, nach dem Vorbild des herrlichen Kreuzgangs, im gotischen Stil wieder aufgebaut. Es entstand eine dreischiffige Kirche in der Form eines lateinischen Kreuzes, die sich stark an französische Vorbilder anlehnt. Beschädigungen der Außenverzierungen zwangen im 18. Jahrhundert zur Neugestaltung der Fassade. Sie wurde von Ventura Rodríguez im klassizistischen Stil ausgeführt.

Im Hauptschiff, vor dem prächtigen schmiedeeisernen Renaissancegitter, steht das prunkvolle Alabastergrabmal von König Karl III. und seiner Gemahlin. Vor dem Hochaltar mit einer Statue der Schutzheiligen der Kirche, der Santa María la Real, wurden die Könige von Navarra gekrönt. Vom südlichen Querschiff aus gelangt man durch ein bemerkenswertes Portal in den Kreuzgang mit seinen filigranen Maßwerkfenstern und in das ehemalige Refektorium, in dem das Diözesanmuseum untergebracht ist.

Von den Befestigungsanlagen Pamplonas sind noch Teile der Stadtmauer und die **Zitadelle** - heute ein Park - erhalten.

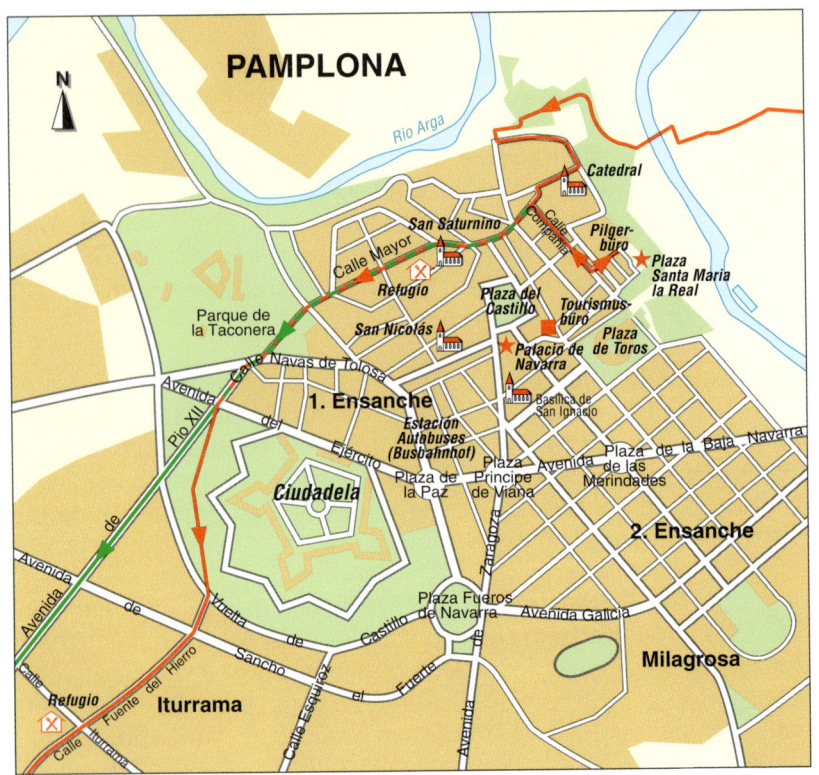

**Pamplona:** neben der Kirche San Saturnino (20 Pl.) und eine grössere Ausweichunterkunft (Adresse jährlich wechselnd - bei Pilger- oder Tourismusbüro zu erfragen); **Zizur Menor:** Herberge bei Kirche mit Küche (25 Pl.) – priv. Herberge Maribel Roncal mit Küche (16 Pl.+)

**Pamplona:** ****Hotel Tres Reyes, Jardines Taconera, Tel. (948) 22 66 00; *** Hotel Ciudad de Pamplona, Iturrama 21, Tel. (948) 26 60 11; ** Hotel Eslava, Plaza Virgen de la O, 7, Tel. (948) 22 22 70; *Hostal Bearan, San Nicolas, 25, Tel. (948) 22 34 28; *Pension Principe de Viana II, Avda. Zaragoza, 4-4, Tel. (948) 24 91 47

**Pamplona:** Ezcaba, in Oricain-Eusa, etwa 7 km außerhalb an der N-121 Richtung Frankreich

**Pamplona:** Ciclos Martín, Calle Esquiroz, 20, Tel. 27 62 09 und Calle Eremitagaña, 5, Tel. 17 38 34; Bicicletas Alberto, R/Monasterio de Urdax, 23, Tel. (948) 17 26 09

 **Pamplona: Busbahnhof:** Am Plaza de la Paz, Avda. Conde Oliveto 2, Tel. Consigna: (948) 22 38 54; **Bahnhof:** ausserhalb des Zentrums, Plaza de Estacion, Tel. Renfe: (902) 24 02 02; **Taxi:** Tel. Teletaxi (948) 23 23 00 od. Radiotaxi (948) 22 12 12; **Flughafen:** im Vorort Noain, Tel. (948) 16 87 00; Büro Iberia Tel. (948) 31 79 55

 **Pamplona:** C.Eslava / Ecke Plaza San Francisco, Tel. (848) 42 04 20

**1**

# Pamplona - Puente la Reina

Gleich zu Beginn unserer weiten Reise bietet sich eine eindrucksvolle Szenerie. Sobald wir der Hektik Pamplonas entflohen sind, breitet sich der bewaldete Bergzug des Monte Perdón mit seinen weißen, majestätisch gegen den Himmel blitzenden Windrädern vor uns aus. Jenseits seines Kammes streicht der Weg durch die bunte Felderlandschaft Navarras in das beschauliche Städtchen Puente la Reina.

## Toureninfos

 **Alternativroute:** Von Pamplona bis zum Monte Perdón erwarten uns langgezogene Steigungen auf der relativ stark befahrenen N-111, die jedoch mit einem breiten Seitenstreifen für Radfahrer gut ausgebaut ist. Vom Monte Perdón aus gelangt man auf einer ruhigen Nebenstraße nach Puente la Reina.
**Camino:** Wer sein Rad liebt, der schiebt! Dies gilt jedoch nur für kurze Passagen der Strecke. Mountainbiker mit guter Kondition und fahrerischem Geschick können sich deshalb durchaus bis zum Perdón auf den holprigen Camino wagen. Die imposante Kulisse entlang des Höhenzugs entschädigt für die schweißtreibende Auffahrt. Die halsbrecherische Abfahrt bis Muruzábal umgehen wir auf der Alternativroute. Und auch das unspekta-

kuläre Stück bis Puente la Reina läßt sich angenehmer auf der Teerstraße zurücklegen.

 **Zizur Menor:** Herberge bei Kirche mit Küche (25 Pl.) - priv. Herberge Maribel Roncal mit Küche (16 Pl.+); **Uterga:** Camino del Perdon, schöne priv. Unterkunft mit Restaurant (18 Pl.); **Obanos:** schöne priv. Herberge bei Kirche San Lorenzo (36 Pl.); **Puente la Reina:** traditionsreiche Herberge neben der Kruzifix-Kirche (72 Pl.) - große Herberge Santiago Apostol, nach der Brücke rechts bergauf, mit Restaurant

 **Puente la Reina:** ***Hotel Jakue, Irunbidea s/n, Tel. (948) 34 10 17; ** Hotel Meson de Peregrino, Irunbidea s/n, Tel. (948) 34 00 75; Hostal Bidean, Mayor, 20 Tel. (948) 34 11 56

 **Puente la Reina:** El Molino, 5 km außerhalb in Mendigorría

 **Pamplona:** Ciclos Martin, Calle Esquiroz, 20  Tel. (948) 27 62 09 + Calle Eremitagana, 5  Tel (948) 17 38 34; Bicicletas Alberto, R/ Monasterio de Urdax, 23   Tel (948)17 26 09; **Puente la Reina:** kleine Werkstatt - Rieju, Paseo Fray Vincente Bernedo

 **Alternativroute:** Astráin 9,6 km - Abzw. Perdón 12,7 km - Uterga 16,3 - Muruzábal 19,0 km - Puente la Reina 23,4 km. **Camino:** Zizur Menor 3,6 km - Zariquiegui 10,3 km - Perdón 12,8 km - Uterga 18,9 km - Muruzábal 21,5 km - Obanos 22,6 km - Puente la Reina 26,7 km.

**Wegbeschreibung Alternativroute:**
Bevor wir uns nun in das Abenteuer Camino de Santiago stürzen, lassen wir uns das wichtigste Dokument der nächsten zwei Wochen - das Credencial del Peregrino (Pilgerpaß) - im Büro des Vicaria General am Plaza Santa Maria la Real ausstellen (unser Ausgangspunkt).

Auf unserem Weg durch Pamplona folgen wir zunächst der Calle Dormitalería und der Calle Mercaderes Curia, bis wir die ersten Markierungen am Plaza Consistoral aufnehmen. Am Rathaus vorbei orientieren wir uns nun an den gelben Pfeilen und gelangen in die C. San Santurnino. Weiter geht es über die Calle Mayor und die Calle Bosquecillo in die

Avenida Pio XII bis zur Kreuzung mit der Avenida del Ejército. Hier trennen wir uns vom Pilgerweg, der in den Park um die Zitadelle abzweigt, und beginnen unsere Kilometermessung. Wir folgen der Avenida Pio XII durch die Vorstadt und kommen auf die N-111 Richtung Estella/Logroño. Sobald wir die Stadt hinter uns gelassen haben, erblicken wir unser erstes Zwischenziel - den Monte Perdón mit seinen Windrädern. Durch die fruchtbaren Ausläufer der Sierra del Perdón erreichen wir den Ort Astráin und treten nun gute 3 km kräftig bergauf zum Perdón-Paß (679 m).

**Info**

Man sollte auf keinen Fall die Mühe scheuen, der Straße zum **Alto del Perdón** (1039 m) zu folgen. Nach 2,2 km markiert eine gelungene Metallplastik die Stelle, an der Camino den Kamm des Perdón überschreitet. Dieser weitere kurze Anstieg ist kein zu hoher Preis für den grandiosen Ausblick auf das Pamploneser Bekken und die fernen Pyrenäen. Lassen wir nun noch etwas diese atemberau-bende Kulisse auf uns wirken, bevor wir wieder bergab rauschen.

Wir rollen noch ca 1,3 km auf der N-111 weiter, bis wir links auf die NA-6062 Richtung Uterga/Muruzábal abbiegen. Diese wenig befahrene Nebenstraße führt uns über sanfte Hügel durch die Ortschaften Uterga und Muruzábal und endet an einer T-Kreuzung gegenüber der Cooperativa Orlavaiz.

**Tipp**

Wer hier links abbiegt , kommt nach 2 km zu einem kleinen Juwel am Pilgerweg, die **Eremita de Nuestra Señora de Eunate**. Die einsam in den Feldern stehende romanische Kirche besticht durch ihren achteckigen Zentralbau und einen von Arkaden begrenzten Vorhof. In dem dunklen, schlichten Innenraum herrscht eine meditative Ruhe, wie man sie nur selten in den Kirchen entlang des Weges findet. Welchem Zweck dieser stille Bau diente, ist jedoch bis heute unklar.

Um nach Puenta la Reina zu gelangen, biegen wir rechts auf die NA-601 und ziehen an dem auf einer Anhöhe rechts von uns liegenden Dorf Obanos vorbei.

**Info**

Etwas außerhalb des kleinen Dorfes **Obanos** vereinen sich die Pilgerwege vom Somport- und vom Ciza-Paß. Eine moderne Pilgerstatue, an der Einmündung der NA-6010 in die N-111, erinnert an diese historische Weggabelung. Zudem ist der Ort für sein jährlich stattfindendes **Laienschauspiel** "El misterio de Obanos" bekannt (Auskunft im Rathaus, Tel. (948) 34 40 30, oder Oficina der Turismo in Pamplona). Es wurde vom Domherren und Schriftsteller Don Santos Bequiristain verfaßt und bezieht sich auf die Legende der Heiligen Felicia und ihres Bruders Guillermo, dem Herzog von Aquitanien. Auf dem Rückweg ihrer Pilgerreise nach Santiago beschließt Felicia ihr Adelsleben für ein Leben als Einsiedlerin aufzugeben. Nachdem sie sich nicht von ihrer Entscheidung abbringen läßt, tötet sie ihr erboster Bruder. Um diese Tat zu sühnen, pilgert er selbst nach Santiago und läßt sich auf dem Rückweg in der Einsiedelei von Arnotegui nieder. Nach einem gottgefälligen und an Wundern reichen Leben erlangt er den Ruf eines Heiligen.

Weiter geht es zur Kreuzung mit der N-111, an der wir links Richtung Estella abzweigen. Nach wenigen hundert Metern erreichen wir Puente la Reina. Gleich am Ortseingang sehen wir links die Kirche del Crucifijo. Wir holen uns gegenüber bei den Padres Reparadores unseren Pilgerstempel und quartieren uns im nebenan liegenden Refugio ein.

**Info**

Das kleine Städtchen **Puente la Reina** bietet eine Vielzahl sehenswerter Bauwerke. Gleich am Ortseingang finden wir die Iglesia del Crucifijo (13./14. Jh.), gegründet vom Templerorden, später an die Johanniter übergeben, die das sich nebenan befindliche Hospital und Kloster erweiterten. Ihren Namen verdankt die Kirche einem germanischen Kruzifix, das durch seine Y-Form auffällt. Folgen wir der Calle del Crucifijo geradeaus in die Calle Mayor, gelangen wir zur **Kirche Santiago el Mayor**. Aus ihrer Gründungszeit im 12. Jh. stammt die romanische Fassade. Im Inneren gibt es eine schöne Statue des Apostels als Pilger zu bewundern. In der Calle Arrieta befindet sich die **Kirche San Pedro Apóstol**, in der die Jungfrau von Puy verehrt wird. Die Calle Mayor führt geradewegs zur **Puente la Reina** (die Brücke der Königin). Diese elegante, sechsbogige Brücke über den Arga, die der Stadt ihren Namen gab, wurde von Doña Mayor, der Gemahlin König Sanchos III., im 11. Jh. gestiftet, um dem wachsenden Pilgerstrom gerecht zu werden und das städtische Gemeinwesen zu fördern.

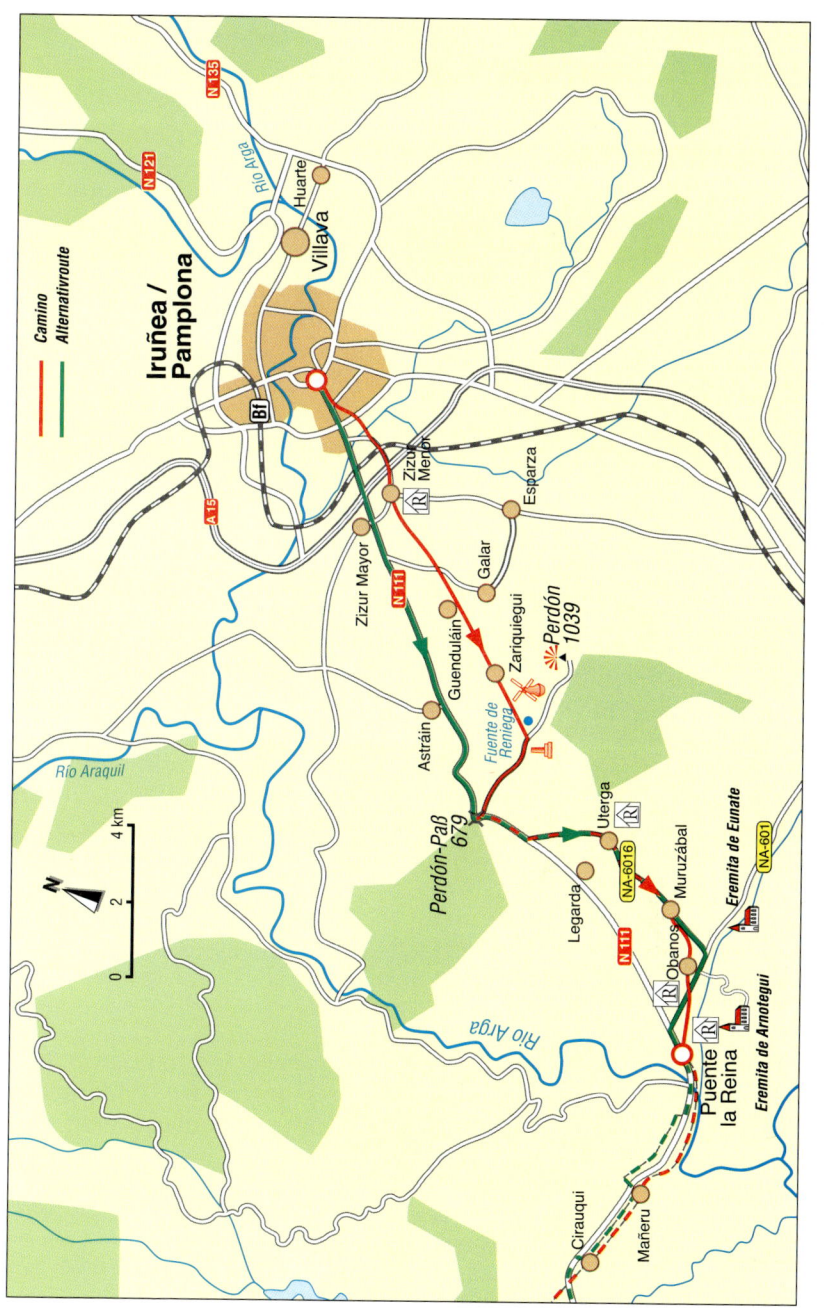

Camino
Alternativroute

Iruñea /
Pamplona

Villava

Huarte

Río Arga

N 135

N 121

A 15

BI

Zizur
Menor

Esparza

Galar

Zizur Mayor

N 111

Guendulain

Zariquiegui

Perdón
1039

Astráin

Fuente de
Reniega

Río Araquil

Perdón-Paß
679

Uterga

Muruzábal

Eremita de Eunate

NA-601

NA-6016

Legarda

N 111

Óbanos

Puente
la Reina

Eremita de Arnotegui

Río Arga

N

0 2 4 km

Cirauqui

Mañeru

## Wegbeschreibung Camino:

Wer seine Reise auf der Orginalroute des Camino de Santiago beginnen möchte, holt sich im Büro des Vicaria General am Plaza Santa Maria la Real seinen Pilgerpaß. Auf unserem Weg durch Pamplona folgen wir nun zunächst der Calle Dormitalería und der Calle Mercaderes Curia, bis wir die ersten Markierungen am Plaza Consistoral aufnehmen. Am Rathaus vorbei orientieren wir uns nun an den gelben Pfeilen und gelangen in die C. San Santurnino. Weiter geht es über die Calle Mayor und die Calle Bosquecillo in die Avenida Pio XII. bis zur Kreuzung mit der Avenida del Ejército (hier beginnen wir unsere Kilometerzählung). An der Kreuzung der Avenida de Pio XII. mit der Avenida del Ejército folgen wir den Pfeilen am Rand des Zitadellen-Parks entlang in die Calle Fuente del Hierro, die uns zum Universitätscampus bringt. Vorbei an der Universitaria Jakobea (hier gibt es auch Stempel und Pilgerausweis), stoßen wir auf einen Kreisverkehr, in dem wir rechts Richtung N-111 Logroño abbiegen. Bald links über eine Steinbrücke geht es geradewegs nach Zizur Menor.

In Zizur Menor passieren wir eine Straßenkreuzung geradeaus, biegen nach wenigen Metern bei einer Pelotahalle halbrechts in die Calle Santiago Bidea ab und fahren dann links bergab. Wir folgen einem Schotterweg, vorbei an einer Ferienhaussiedlung, durch die Felder am Rand der Sierra del Perdón, kreuzen die Landstraße nach Galar, das auch bald linkerhand sichtbar wird und lenken unser Rad weiter durch die hügelige Ackerlandschaft. Über ein Steinbrückchen kommen wir an eine Weggabel und wählen den mittleren Weg bergauf. Knapp 1 km weiter taucht rechts der verlassene Ort Guenduláin auf.

> **Info**
>
> Wie in einen Dornröschenschlaf versunken wirken das Schloß des Grafen von **Guenduláin** und die **Pfarrkirche San Andrés** (16. Jh.). Doch aufgepaßt, nur wer sich umdreht wird sich an diesem malerischen Anblick erfreuen können.

Nun gilt es, die ersten Ausläufer der Sierra del Perdón zu überwinden. Wir passieren Zariquiegui. Flankiert von gewaltigen Windrädern kämpfen wir uns dann über den ruppigen und schmalen Weg steil bergauf zur Fuente de Reniega (Quelle der Abkehr).

> **Info**
>
> Ein neuer Brunnen erinnert an eine **Legende**, die sich an dieser Stelle ereignet haben soll. Einem vollkommen erschöpften und dem Verdursten nahen Pilger erschien hier der Teufel und versprach, ihm den Weg zu einer **Quelle** zu zeigen, sofern er Gott abtrünnig würde. Trotz seiner Not zeigt sich der Wallfahrer jedoch

standhaft und lehnt ab. Plötzlich erblickt er einen weiteren Pilger. Dieser schleppt ihn zu einer Quelle und gibt ihm aus seiner Jakobsmuschel zu trinken. Noch bevor er sich für die Hilfe bedanken kann, ist der Mann wieder verschwunden. Und somit ist klar, daß kein anderer als der Heilige Jakob selbst geholfen hat, oder?

Wir haben nun das Schlimmste hinter uns. Noch wenige Meter und wir erreichen den Kamm des Perdón.

**Perdón:** s. S. 29

Alle, die hier noch nach Luft schnappen, werden überwältigt sein von dem grandiosen Ausblick und neue Energie für den Weiterweg schöpfen. Bis Muruzábal folgen wir nun der „Alternativroute"! Wir folgen der Teerstraße nach rechts zur N-111, rollen noch ca 1,3 km auf ihr weiter, bis wir links auf die NA-6016 Richtung Uterga/Muruzábal abbiegen. Diese wenig befahrene Nebenstraße führt über sanfte Hügel durch die Ortschaften Uterga und Muruzábal.

Am Ortsausgang Muruzábal zweigt ein schlechter und später steiler Feldweg rechts nach Obanos ab. Wir durchfahren den Ort den Pfeilen folgend und kommen bergab zur Landstraße nach Puente la Reina und kreuzen diese. An der Abzweigung zur Eremita de Arnotegui geht es nach rechts auf einen Feldweg, zu unserer Rechten sehen wir auf einer Anhöhe die Eremita San Salvador.

**Obanos:** s. S. 29

Vor dem Friedhof folgen wir rechts dem schmalen Pfad nach Puente la Reina, dem Ziel unserer ersten Etappe.

**Puente la Reina:** s. S. 30

Unmittelbar nach den ersten Häusern sehen wir links die Kirche del Crucifijo. Wir holen uns gegenüber bei den Padres Reparadores unseren Pilgerstempel und quartieren uns im nebenan liegenden Refugio ein.

# 2

# Puente la Reina - Estella - Los Arcos

Die Landschaft Navarras steckt voller großer Impressionen. Über lebhaftes Auf und Ab ziehen wir durch malerische Dörfer in die sich in die Tiefe des Ega-Grundes schmiegende mittelalterliche Stadt Estella. Weiträumige Täler, begrenzt von bizarren Hügelketten, buntes Gelb, sattes Grün und das Dunkelrot der frisch geackerten Erde begleiten uns dann bis Los Arcos.

## Toureninfos

 ***Alternativroute:*** Stets bergauf und bergab, fährt man bis auf kurze Passagen meist auf der verkehrsreichen N-111 durch die abwechslungsreiche Wein- und Felderlandschaft bis Los Arcos.

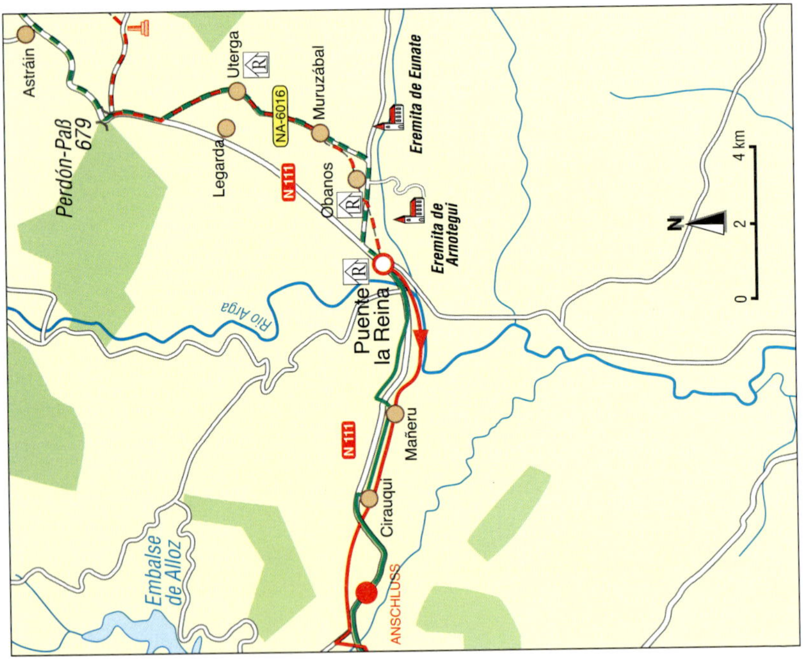

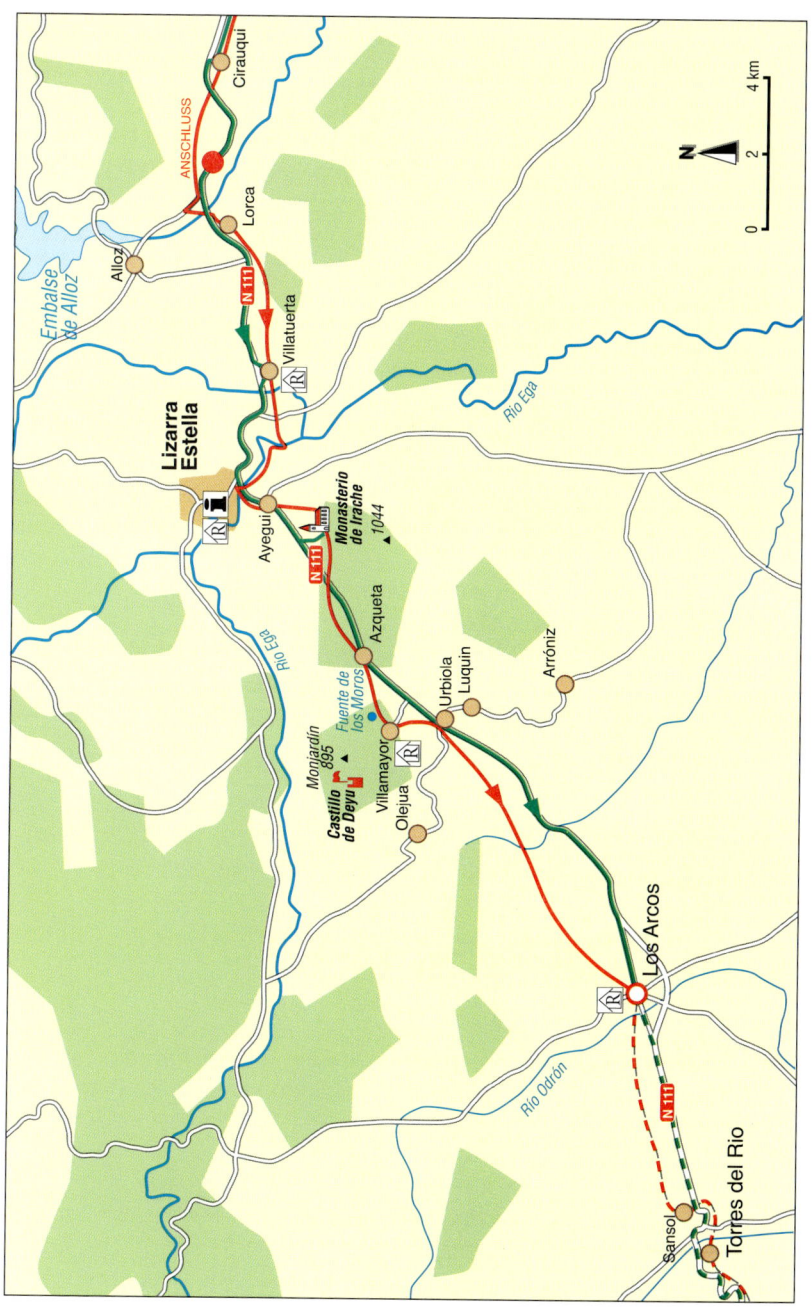

Cirauqui

ANSCHLUSS

Lorca

Alloz

Embalse
de Alloz

N 111

Villatuerta

Río Ega

Lizarra
Estella

Ayegui

N 111

Monasterio
de Irache
1044

Azqueta

Urbiola

Luquin

Arróniz

Río Ega

Fuente de
los Moros

Monjardín
895

Villamayor

Castillo
de Deyu

Olejua

Los Arcos

Río Odrón

N 111

Sansol

Torres del Río

N

0   2   4 km

**Camino:** Von Puente la Reina bis Estella gibt es eigentlich keine Diskussion. Der Camino ist und bleibt auf diesem Stück ein Fußweg! Wer sich nicht unnötig plagen will, sollte auf der Alternativroute bleiben. Von Estella bis Azqueta kann man den Camino größtenteils gut befahren, wobei einzelne Schiebe-passagen kaum ins Gewicht fallen. Von Azqueta bis Villamayor de Monjardín empfiehlt sich die N-111. Von Villamayor aus geht es problemlos (auch mit leichtem Gepäck) auf einem Flurbereinigungsweg bis Los Arcos.

**Villatuerta:** Casa Romero, priv. Herberge mit Restaurant (40 Pl.); **Estella:** große Herberge mit Küche und Terrasse (114 Pl.); **Villamayor:** schöne Herberge mit Verpflegung (26 Pl.); **Los Arcos:** La Fuente in der Travesía del Estanco, 5, sehr liebevoll geführtes privates Haus - Casa Romero in der C. Mayor, private Alberghe in einer Bäckerei mit Küche (28 Pl.) - Herberge „Isaac Santiago" mit Küche, gemütlich und gut betreut (72 Pl.)

**Estella:** **Hotel Yerri, Avda. Yerri, 35 Tel. (948) 54 60 34; *Hostal Christina, Baja Navarra, 1 Tel. (948) 55 07 72; Zimmer San Andrés, Calle Mayor, 1, Tel. (948) 55 04 48; **Los Arcos:** ** Hotel Monaco, Plaza de Coso, 22, Tel. (948) 64 00 00; ** Hostal Ezequiel, La Serna, 14, Tel. (948) 64 02 96

**Estella:** Lizarra, Ordoiz, s/n, Tel. (948) 55 17 33, Fax 55 47 55

**Estella:** Julian Sport, Plaza Sierra de Aralar, 10, Tel. (948) 55 40 01; Alonso, Paseo de la Imaculada, 12, Tel. (948) 55 07 34;

**Estella:** Calle San Nicolás,1 , Tel. (948) 55 63 01

**Busbahnhof,** Plaza de La Coronación, Tel. 55 01 27

**Alternativroute:** Mañeru 4,5 km - Cirauqui 6,8 km - Lorca 12,8 km - Villatuerta 17,8 km - Estella 20,5 km - Ayegui 22,0 km - Irache 23,2 km - Azqueta 27,1 km - Abzw. Villamayor de Monjardín 28,8 km - Los Arcos 39,3 km
**Camino:** Mañeru 4,8 km - Cirauqui 7,6 km - Lorca 13,7 km - Villatuerta 18,4 km - Estella 22,7 km - Kloster Irache 25,5 km - Azqueta 29,2 km - Villamayor de Monjardín 31,3 km - Los Arcos 43,2 km

## Wegbeschreibung Alternativroute:

Im ersten Morgenlicht folgen wir den Caminopfeilen und verlassen die Stadt über die Puente la Reina. Nach der Brücke weisen uns die Markierungen zur N-111, dort halten wir uns rechts Richtung Logroño. 500 m weiter, hinter der Fabrik Eunea S.A., nehmen wir den Teerweg rechts von der N-111. Die ruhige Nebenstraße führt uns auf eine Anhöhe, die wunderbare Ausblicke auf die weite, hügelige Landschaft Navarras bietet. Nach 3,2 km gelangen wir wieder zur N-111, auf der wir unsere Fahrt fortsetzen.

**Info**

Wer die steilen Gassen nicht scheut, sollte den lohnenswerten Schlenker durch das auf einem Hügel thronende **Cirauqui** machen. Erwähnenswert ist das wunderschöne Portal der **Kirche San Román**. Am Dorfrand sieht man links unterhalb der N-111 die Reste einer ehemaligen Römerstraße und einer verfallenen Brücke. Hier verläuft auch der Camino.

Vorbei an den Dörfern Mañeru und Cirauqui holen wir danach auf einer kurzen rasanten Abfahrt Schwung für den lang gezogenen Anstieg vor Lorca. Fast mühelos rollen wir dann nach Villatuerta, biegen 50 m nach dem Ortseingang links Richtung Puente Medieval ab, kommen über die Brücke und halten uns danach links. Wir folgen den Pfeilen zur Pfarrkirche Asunción und wieder zurück zur N-111. Noch 2,7 km und wir haben Estella erreicht.

Am Stadtrand, gegenüber dem großen Fabrikgebäude der Fa.Renolit Hispania, überqueren wir den Rio Ega auf einer grünen Fußgängerbrücke und lassen uns von den gelben Pfeilen, vorbei an der Kirche Santo Selpulcro (interessantes Portal aus dem 12. Jh.), in die Calle Rúa leiten.

**Info**

Die mittelalterlich Stadt **Estella** verdankt ihre Entstehung dem König Sancho Ramírez. Als Hirten unter einem Sternenkranz das Gnadenbild der Jungfrau von Puy entdeckten, entschloß er sich 1090, an dieser Stelle eine Frankensiedlung zu gründen. So entstand am linken Ufer des Rio Ega ein Marktflecken, der durch seine günstige Lage am Pilgerweg bald einen regen Aufschwung erlebte.

Im ehemaligen Frankenviertel, rund um die Plaza San Martin, sind die wichtigsten Sakral- und Profanbauten aus dieser Zeit zu finden. Eine steile Treppe führt zur romanischen **Kirche San Pedro de la Rúa** (12 Jh.) hinauf. Sehenswert sind das Zackenbogenportal und ihr Kreuzgang mit seinem gepflegten Garten. Ihr gegenüber befindet sich der einzigartige romanische **Königspalast** (12. Jh.). (Das Tourismusbüro ist hier untergebracht). Säulenkapitelle zeigen den Kampf zwischen Roland und dem Riesen Ferragut. Nebenan steht das **Alte Rathaus**, in dem heute das Gericht tagt. Durch die Calle Rúa gelangt man vorbei am Palacio del los

Info
Cris-tobal und dem Palacio del Gobernador zur Puente de la Carcel. Rechterhand liegt die **Klosteranlage Santo Domingo** (13. Jh.) und die **Kirche Santa María Jus del Castillo** (12. Jh.). Sie war einst die Synagoge eines ehemaligen Judenviertels. In den später gegründeten Vierteln auf der rechten Flußseite befinden sich die **Kirche San Miguel** (12. Jh.) mit ihrem reich verzierten Figurenportal, die Plaza de los Fueros und die romanische **Stadtpfarrkirche San Juan**. Rund um die Plaza de los Fueros, an der jeden Donnerstag Markt gehalten wird, laden zahlreiche Geschäfte und Bars zu einem Besuch ein.

Weiter geht es über das holprige Pflaster der Calle Rúa und C. San Nicolás zu einer großen Kreuzung. Hier halten wir uns Richtung N-111 Ayegui/ Logroño (nicht die Ausbaustraße Richtung Logroño!) 1,2 km nach Ayegui biegen wir links zum Monasterio de Irache ab.

Info
Das am Nordhang des Montejurra gelegene **Benediktinerkloster Santa María la Real de Irache** wartet mit einer angenehmen Überraschung für uns Pilger auf. Aus einem am Wegrand aufgestellten Brunnen sprudelt nicht nur erfrischendes Wasser, sondern auch kostenlos der stärkende Wein der Klosterkellerei. Eine genauso willkommene wie belebende Abwechslung! Bereits im 11. Jh. beherbergte das traditionsreiche Kloster ein für den Pilgerweg bedeutendes Hospiz. In seiner zweiten Blütezeit, im 17.Jh., wurde hier die erste Universität Navarras gegründet.

Sehenswert ist die in der Übergangszeit von der Romanik zur Gotik erbaute **Kirche** (12./13. Jh.) in der Form eines lateinischen Kreuzes, mit einem Schiff und drei halbrunden romanischen Apsiden. Der platereske Kreuzgang entstand Mitte des 16. Jahrhunderts. Neben den historischen Gebäuden befinden sich die **Bodegas** und das **Weinmuseum** (Öffnungszeiten: 10 - 14 h und 15.30 - 18 h). Wer in seinen Packtaschen noch Platz findet, kann beim Direktverkauf auch kleine Mengen der hervorragenden Tropfen aus den Kellereien des Klosters erstehen.

Gestärkt und hoffentlich noch fahrtüchtig kehren wir zur N-111 zurück. Bergauf treten wir kräftig in die Pedale und erreichen nach knapp 2 km einen Kreisverkehr. Hier folgen wir der Ausschilderung NA-7453 Igúzquiza. Etwa 2 km weiter liegt zu unserer Rechten das Dorf Azqueta. Noch 1 km und wir kommen zurück auf die N-111. Wir überwinden noch einen Anstieg und kommen zum Abzweig nach Villamayor de Monjardín, bleiben aber auf der N-111, kommen durch Urbiola und ziehen immer geradeaus durch sanfte Hügel, zwischen Weinbergen und Weizenfeldern, unserem Tagesziel entgegen.

Nach 7,9 km verlassen wir die N-111 und folgen der Beschilderung nach Los Arcos (am Ortseingang gibt es ein Freibad). Im Ort biegen

Puente la Reina

wir rechts zur Kirche Santa María (Richtung Acedo/Vitoria) ab und fahren links über die Brücke zur Herberge „Isaac-Santiago" oder rechts in die Calle Mayor zu einer der beiden privaten Albergues.

**Info**

Das herausragendste Gebäude von **Los Arcos** ist die **Kirche Santa María**. In ihrer architektonischen Vielfalt spiegeln sich die verschiedenen Blütezeiten des schon zu Römerzeiten gegründeten Ortes wider. Elemente der Romanik, der Gotik und des Barocks fügen sich zu einem harmonischen Gesamtbild. Ihr Inneres birgt einen üppig dekorierten Hauptaltar, ein platereskes Chorgestühl und eine wunderschöne Barockorgel.

## Wegbeschreibung Camino:

Von Puente la Reina bis Estella fanden während unserer Recherchen erhebliche Straßenbauarbeiten statt. Daher kann es immer wieder zu Umleitungen des Caminos kommen. Hier eine Wegbeschreibung unter Vorbehalt - bitte Caminowegweisung beachten!

Durch einen Torbogen an der Kruzifix-Kirche folgen wir der Calle del Crucifijo geradeaus in die Calle Mayor und verlassen das Städtchen über die Puente la Reina. Danach wenden wir uns nach links, überqueren die N-111 und halten uns rechts. Wir biegen bald links auf einen Schotterweg ab, der bald zu einem schlechten und oft auch nassen Lehmweg wird. An einer Weggabel biegen wir rechts ab. Die nächsten 1,5 km konfrontieren uns nun mit erheblichen Problemen. Der Trampelpfad führt durch Niederungen und Hügel und läßt sich oft nur schiebend erarbeiten. Weiter bergauf und bergab verläuft der Weg, jetzt etwas harmloser, links von der N-111 bis zum Ortszubringer von Mañeru. Hier nehmen wir die linke Gabelung ins Dorf hinab. Hinter Mañeru radeln wir durch Rebstöcke auf das erhaben liegende Cirauqui zu.

**Cirauqui:** s. S. 37

Wir folgen den Pfeilen durch die engen und steilen Gassen von Cirauqui und gelangen über eine von Zypressen flankierte Römerstraße und eine kaum passierbare Brückenruine an eine Kreuzung mit der N-111. Es geht geradeaus auf der ehemaligen Römerstraße weiter, wo wir uns nach gut 2 km links halten. Immer geradeaus kommen wir auf eine Asphaltstraße Richtung Embalse de Alloz. Doch das Vergnügen des ruhigen Radelns auf Teer währt nur kurz.

Nach 550 m biegen wir links auf einen Pfad, kommen durch einen Tunnel, folgen ein kurzes Stück der alten N-111, fahren links und sofort wieder rechts. An einer Weggabel halten wir uns rechts und bergauf und erreichen bald Lorca.

Nach der Ortsdurchfahrt halten wir uns links von der N-111 und biegen auf einen Feldweg ab. 1,8 km hinter Lorca halten wir uns erst links und kurz darauf rechts. 700 m weiter folgen wir rechts einem Kiesweg und biegen an einem Wasserlauf nach links auf einen Trampelpfad. Wir gelangen nach Villatuerta, fahren nach der Brücke links zur Kirche hinauf. Die Pfeile bringen uns parallel zur N-111 auf einen steilen Trampelpfad, der teilweise über Stufen bergab führt. Nach einer Holzbrücke radeln wir links vom Rio Ega nach Estella.

**Estella:** s. S. 37

Wir lassen uns von den gelben Pfeilen, vorbei an der Kirche Santo Selpulcro (interessantes Portal aus dem 12. Jh.) , in die Calle Rúa leiten. Nach einer ausgiebigen Besichtigungstour verlassen wir Estella wieder über das holprige Pflaster der Calle Rúa. Über einen Kreisverkehr gelangen wir auf die N-111 Richtung Logroño. Unmittelbar nach der

Avia-Tankstelle biegen wir rechts auf einen Feldweg ab. Kräftig bergauf halten wir auf Ayegui zu und gelangen am Plaza San Pelayo zu einer Gabelung des Camino. Wir fahren links, Richtung Irache, wo uns ein kleines Highlight des heutigen Tages erwartet. Steil bergab kommen wir zur N-111, kreuzen diese schräg und erreichen nach rund 600 m die großzüge "Weinquelle" des Klosters Irache.

**Kloster Irache:** s. S. 38

Beschwingt vom stärkenden Navarreser Wein, folgen wir dem Camino durch den schattigen Klostergarten. An einer Ferienhaussiedlung halten wir uns rechts, überqueren die N-111 und kommen, vorbei am Hotel Irache, durch einen Tunnel in einen lichten Eichenwald, überqueren ein Weg und eine Landstraße. Bald finden wir uns im offenen Land wieder und erreichen Azqueta. Am Ortsausgang von Azqueta gelangen wir vor der N-111 rechts auf einen befestigten Weg, der uns später teils steil durch die Felder und Weingärten unterhalb des Monjardín führt. Vorbei an der mittelalterlichen Pilgerquelle (Fuente de los Moros, 13. Jh.) gelangt man nach Villamayor de Monjardín. Durch den Ort folgt man den Pfeilen auf den geteerten Ortszubringer, ignoriert die Markierung, die rechts auf einen katastrophalen Pfad durch ein Weinfeld weist und biegt wenige Meter weiter rechts auf einen bequemen Kiesweg.

Ein kurzes Stück fahren wir in Sichtweite der N-111, wenden uns aber nach einer Wegkreuzung von ihr ab. Die letzten Kilometer des Tages radeln wir nun einsam durch die von Hügelketten gesäumte und farbenfrohe Felderlandschaft. Achtung! Kurz bevor der Weg von einem Höhenzug begrenzt wird, führt der Weg nach rechts bergauf. 1 km weiter halten wir uns an einer Weggabel links und erreichen nach knapp 5 km Los Arcos. Durch die schmalen Gassen folgen wir den Pfeilen zur Kirche Santa María und fahren durch das Portal de Castilla über eine Brücke. Durch die schmalen Gassen folgen wir den Pfeilen zur Kirche Santa María und fahren durch das Portal de Castilla über eine Brücke zur Herberge „Isaac-Santiago" oder rechts in die Calle Mayor in eine der beiden privaten Albergues.

**Los Arcos:** s. S. 39

# 3

# Los Arcos - Viana - Logroño - Nájera

In den guten Hanglagen der Wein, auf den Höhen oder in den Niederungen die bescheidene Olive. Jedes Eckchen dieser gesegneten Region scheint Früchte zu tragen. Dann, im Ebro-Tal rund um Logroño, dulden die kurzen, knorrigen Weinstöcke keine Konkurrenz mehr. Alles dreht sich um das, wofür La Rioja steht - ihre einzigartigen Weine.

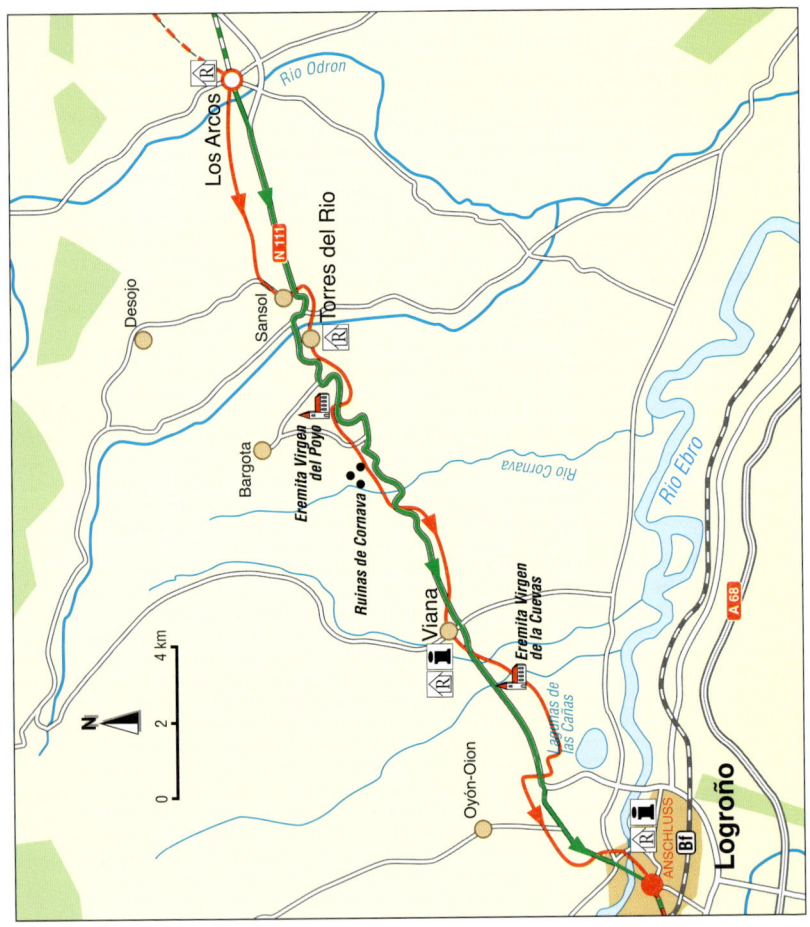

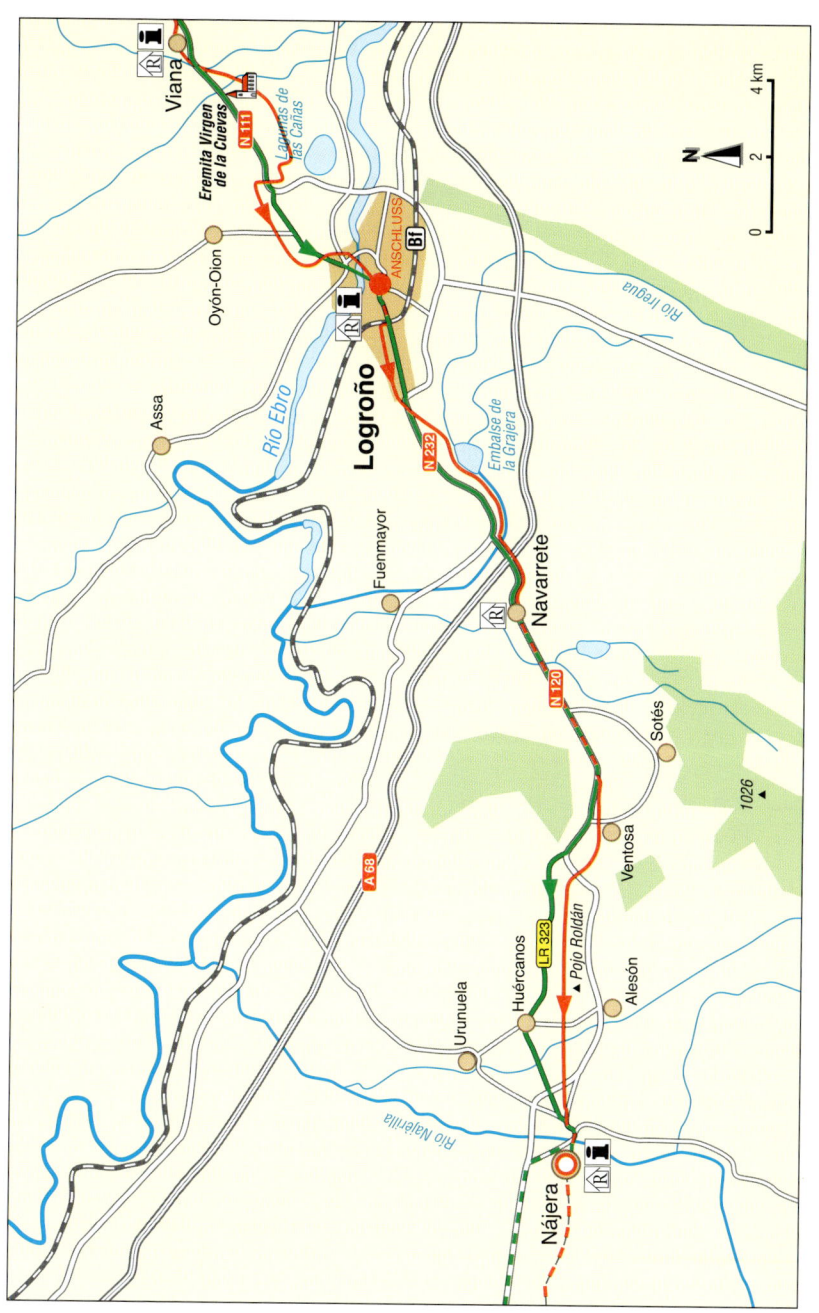

*Alternativroute:* Bis Viana windet sich die kaum befahrene Landstraße stets bergauf und bergab durch die vielfältige Landschaft von Navarras Südwesten. Ab Viana und insbesondere hinter Logroño stellt uns der stellenweise extreme Verkehr auf diesem Teilstück auf eine harte Geduldsprobe. Auch die eher monotone Umgebung bietet wenig Abwechslung.
*Camino:* Von Los Arcos bis Viana konfrontiert uns der Camino mit den üblichen Schwierigkeiten – sowohl holprige als auch schmale Teilstücke. Von Viana geht es meist problemlos bis Logroño, zum Stausee La Grajera und bis zum Abzweig auf die N-120 vor Navarrete. Ab hier ist man mit der Alternativroute besser beraten. Der Camino ist zwar landschaftlich etwas reizvoller, aber fast durchgehend sehr beschwerlich. Auf Teer läßt sich dieses lästige Stück einfach schneller und müheloser bewältigen.

 *Torres del Rio:* "Casa Maria" schöne private Herberge ohne Küche (32 Pl.); *Viana:* schönes Haus mit Fahrradraum (54 Pl.); *Logroño:* ausgezeichnete Herberge mit Küche und nettem Innenhof (88 Pl.); *Navarrete:* schöne Herberge (33 Pl.); *Nájera:* angenehme Herberge mit Küche in den Gebäuden des Klosters Santa María la Real (60 Pl.);

 *Viana:* Hotel Palacio Rujadas, Tel. (948) 64 64 64, Hostal San Pedro, Tel. (948) 64 59 27 ; *Logroño:* \*\*\*\*Hotel Carlton Rioja, Gran Via, 5, Tel. (941) 24 21 00; \*\*\*Hotel Murrieta, M. d. Murriesta, 1, Tel. (941) 22 41 50; \*\*Hotel Zenit Soto Galo, Carretera Pamplona, km 2, Tel. (941) 27 15 55; \*\*Hostal Rioja Codestable, Doctor Castroviejo, 5, Tel. (941) 24 72 88; *Nájera:* \*\*\*Hotel San Fernando, Paseo S. Julian, 1, Tel. (941) 36 37 00; \*Hostal, Hispaño, La Cepa, 2-1°, Tel. (941) 36 36 15; Hostal Ciudad de Nájera, Calle Cuarta calleja de San Miguel, Tel. (941) 36 06 60

 *Logroño:* De la Playa, Tel. (941) 25 22 53 ; *Navarrete:* De Navarrete, Tel. (941) 44 01 69 ; *Nájera:* El Ruedo, Tel. (941) 36 01 02

 *Logroño:* Bicicletas Jose Mari (drei Filialen), Duquesa de la Victoria, 39, Tel. (941) 24 24 14; Rey Pator, 10, Tel. (941) 20 38 38 und in

der Duquesa de la Victoria, 55, Tel. (941) 26 36 26;
*Nájera:* Maquinaria Bajo (Eisenwarenladen), Paseo al Campo, 5,
Tel. (941) 36 07 18

 *Viana:* Plaza de los Fueros, 1, Tel./Fax. (948) 44 63 02; *Logroño:*
Paseo del Espolón, Tel. (941) 26 05 65; *Najera:* Plaza San Miguel
(Nähe Kloster), Tel. (941) 36 00 41

 *Logroño: Busbahnhof:* Avda, España 1, Tel. 23 59 83; *Bahn-*
*hof:* Plaza Europa, Tel. 24 02 02 u. 25 49 35

 *Alternativroute:* Sansol 6,4 km - Torres del Rio 7,3 km - Viana
18,5 km - Logroño 26,9 km - Navarette 39,9 km - Huércanos
51,9 - Nájera 56,6 km
*Camino:* Sansol 6,9 km - Torres del Rio 7,3 km - Viana 17,8 km -
Logroño 27,4 km - Navarrete 41,4 km - Nájera 57,5 km

## Wegbeschreibung Alternativroute:

Vom Refugio aus fahren wir zur Hauptstraße, die uns nach 1 km auf
die N-111 bringt. Ohne große Anstrengung radeln wir über kleine,
wellenartige Hügel an Sansol vorbei nach Torres del Rio. Gleich nach
dem Ortsschild biegen wir links zur Kirche Santo Sepulcro ab.

Info

Das kleine Dorf **Torres del Rio** birgt ein wahres Kleinod des Jakobswegs. Der Ur-
sprung der anmutigen, durchweg romanischen **Kirche Santo Sepulcro** ist bis
heute nicht zweifelsfrei geklärt. Aufgrund ihres achteckigen Grundrisses, der dem
des Heiligen Grabes in Jerusalem sehr ähnlich ist, wird sie mit dem Templerorden
in Verbindung gebracht. Der achteckige Mittelbau mit einer halbkreisförmigen
Apsis und einem zylindrischen Turm wird von einer ebenfalls achteckigen Laterne
bekrönt. Im Inneren fällt sofort die für Nordspanien einzigartige, maurisch inspi-
rierte Gewölbekonstruktion ins Auge. Genauso bemerkenswert ist die Vielseitig-
keit der Ikonographie Ihrer Kapitele.

Nach diesem kurzen Abstecher kehren wir zur N-111 zurück. Vorbei
an Weingärten, Oliven- und Mandelbäumen windet sich die Landstraße über eine langgezogene Steigung und dann bergab bis Viana.

Info

Von der Landstraße aus wirkt das erhöht liegende **Viana** nicht besonders einla-
dend. Wer aber den gelben Pfeilen in die Calle Rúa Santa María folgt, wird über-
rascht sein von der Fülle historischer Sehenswürdigkeiten, die das Städtchen bietet. Zahlreiche Herrenhäuser und Paläste umstehen die Plaza de los Fueros und
zeugen von Vianas ehemaliger Bedeutung als kastelanische Festungs- und Grenz-
stadt. Hier, im ältesten Teil der Stadt, steht auch die **Kirche Santa María**. Kurz

Info

nach Gründung der Festung Viana im 13 Jh. durch Sancho VII., dem Starken, wurde der gotische Bau in Angriff genommen, im 14 Jh. fertiggestellt und seit dem 16. und 17. Jh. mehrmals umgebaut. Besonders auffällig ist das herrliche Renaissanceportal. Ihr Inneres beherbergte einst ein prächtiges Mausoleum zu Ehren des unweit von Viana in der Schlacht von Mendavia 1507 gefallenen Renaissancefürsten Cesare Borgia, Sohn Papst Alexanders VI. Ende des 17. Jh. ist es abgerissen worden und die sterblichen Überreste des berühmten Italieners wurden bescheiden im Atrium beigesetzt. Folgt man weiter der Calle Rúa Santa María kommt man zu den Resten der **Kirche San Pedro** (14. Jh).

Um die Stadt zu verlassen, folgen wir den Pfeilen, rechts vorbei an San Pedro, bis zur Calle la Rueda. Wir orientieren uns nun nicht mehr an den Pfeilen, sondern fahren links an der alten Stadtmauer entlang. Geradeaus über eine Kreuzung gelangen wir wieder zur N-111.Nach 4,5 km biegen wir rechts Richtung Logroño Norte ab und erreichen 3 km weiter den Stadtrand. Wir überqueren auf der Puente de Piedra den Ebro und lassen uns nach der Brücke von den Pfeilen ins Zentrum der Hauptstadt der La Rioja leiten.

Info

Nach den Wirren der Reconquista war **Logroño**, das auf die römische Siedlung Lucrosus zurückgeht, nicht mehr als ein unbedeutender landwirtschaftlicher Flekken. Erst als König Alphons VI. 1099 den Bau einer Brücke veranlaßte, um einen Ort zu schaffen, der in der Lage war, die strategisch wichtige Übergangstelle des Erbro zu sichern, gewinnt es an Bedeutung. Der einzige Flußübergang weit und breit lenkte in Folge auch den Pilgerstrom in die für seine Gastfreundschaft bekannte Stadt. So ist es auch nicht verwunderlich, daß sich Santo Domingo de la Calzada und später sein Schüler San Juan de Ortega der Reparatur der Puente de Piedra annahmen. Die zwölfbogige mittelalterliche Brücke, die über drei Wehrtürme verfügte, wurde Ende des 19. Jahrhunderts abgerissen und durch eine neue ersetzt.

Im Stadtzentrum finden sich auf relativ engem Raum die bedeutendsten Kirchen der Stadt. Die **Kirche Santa María del Palacio** (12.-17. Jh.) wurde an der Stelle des Palastes der Könige von Kastilien erbaut. Besonders sehenswert ist die gotische Kapelle Nuestra Señora de la Antigua. In der Calle Herreras befindet sich die **Kirche San Bartolomé** (13./14. Jh.). Ihr Figurenportal ist das bedeutendste Beispiel gotischer Plastik der Region.Die **Bischofskirche Santa María la Redonda** (15.Jh.) dominiert die arkadengesäumte Plaza del Mercado. Sie besitzt eine Vielzahl von Kapellen, unter denen die Capilla de Nuestra Señora besonders hervorsticht. Im 18. Jh. wurden zwei gleichförmige barocke Türme angefügt.

Auf unseren Weg aus Logroño kommen wir an der **Kirche Santiago el Real** (15. - 17. Jh.) vorbei. Über dem Portal thront eine Plastik des Apostels als Maurentöter. In den Gassen rund um die Plaza del Mercado und entlang der Fußgängerzone gibt es eine Reihe guter Einkehrmöglichkeiten. Am 21. September steigt das **Weinlesefest** von Logroño, mit Traubenstampfen, Stiertreiben und Reiterumzügen.

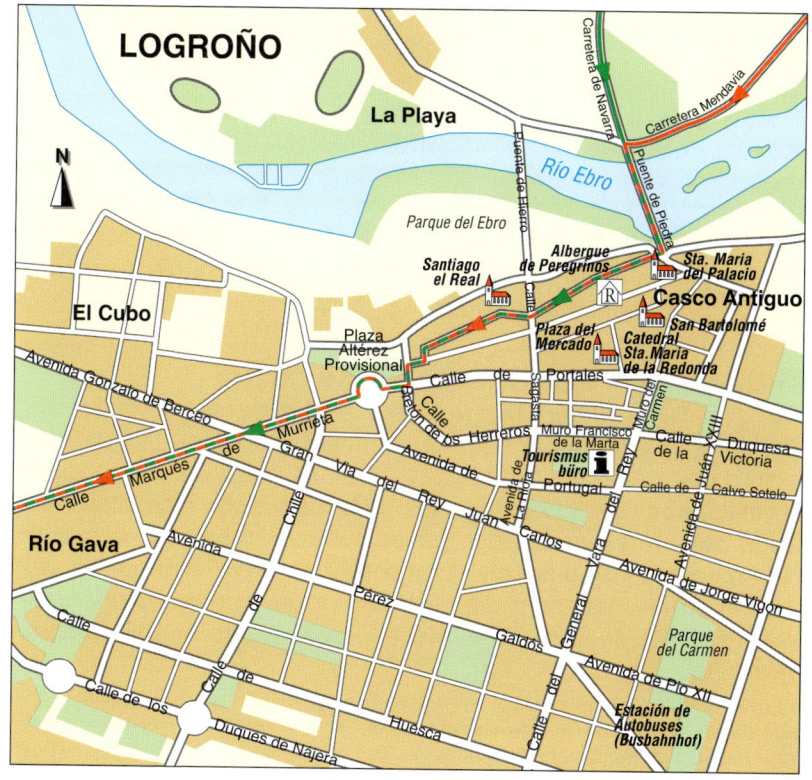

Auf unserem Weg aus Logroño folgen wir der Pilgerroute durch die Calle Rúa Vieja, die Calle Barriocepo, die Calle de los Depositos, über die Plaza Alferez Provisional in die Calle Murrieta, die später zur Avenida de Burgos wird. Die nächsten Kilometer bedeuten eine harte Prüfung - weniger für das Material als für den Menschen. Zur Beschreibung: 5 km auf dem Standstreifen einer vierspurigen Schnellstraße gepaart mit der dazugehörigen, Tagesschwankungen unterliegenden Menge an Kohlenmonoxyd und Blei. Wir empfehlen deshalb dem Camino zum Stausee La Grajera zu folgen.

## Beschreibung der Ausweichroute auf dem Camino:
### Logroño - Navarrete
Auf Avenida de Burgos zweigt ca. 700 m nach einer Eisenbahnbrücke der Pilgerweg rechts ab. Wir folgen der Caminowegweisung

durch einen Park bis zum Stausee del la Grajera. Dann rechts über den Staudamm. Vor einem Parkplatz fahren wir links hoch zu einem Weg oberhalb des rechten Seeufers. Am Ende des Sees folgen wir der Caminowegweisung und befinden uns dann links der N-232, bis wir auf die Verbindung der N-120 zur N-232 stoßen.

Vorsicht! Etwa 200 m radeln wir auf dem breiten Seitenstreifen gegen die Fahrtrichtung zur N-120! Nach 4,3 km passieren wir Navarrete. (weiter siehe Alternativroute Logroño - Nájera)

## Beschreibung Alternativroute: Logroño - Nájera

Wer gute Nerven hat, bleibt auf der stark befahrenen Ausfallstraße und gelangt auf die noch stärker frequentierte N-232. Doch es ist nicht damit getan, daß wir auf dem Standstreifen der vierspurigen Schnellstraße radeln müssen, bald läßt auch noch eine kilometerlange Steigung dieses Stück schier endlos erscheinen. Achtung! 500 m nach dem Abzweig A-12 Richtung Burgos (nicht auf die Autobahn auffahren!) naht die Rettung vor dem Verkehrssupergau! Über die Via de Servicio erreichen wir die alte N-120 Burgos/Navarrete.

**Info**

Etwas außerhalb hinter **Navarrete**, an der N-120, liegt der Friedhof des Ortes. Auffällig ist sein romanisches Portal (13. Jh.). Es stammt aus dem ehemaligen Hospital San Juan de Acre, dessen Reste vor Navarrete von der Straße aus zu sehen waren.

Wir durchfahren Navarrete auf der Hauptstraße und gelangen wieder auf die N-120. Nach ca. 7 km zweigen wir rechts auf die ruhige LR-323 Richtung Huércanos ab. Ohne Anstrengung rollen wir auf Huércanos zu, durchfahren den eher unsympathischen Ort und gelangen 2,7 km weiter wieder zur N-120. Achtung! Wir fahren nicht durch die Unterführung auf die N-120 Richtung Burgos, sondern halten uns rechts und biegen im Kreisverkehr links Richtung Nájera auf die LR-113 ab. Bald erreichen wir den Ortsrand von Nájera und biegen an einer T-Kreuzung rechts Richtung Burgos/Sto.Domingo ab, um ins Stadtzentrum zu gelangen. Wir überqueren den Rio Nájerilla und folgen der Ausschilderung zum Monasterio Santa María la Real . Im Refugio neben dem ehrwürdigen Gebäude beziehen wir heute unser Quartier.

Das an ziegelrote Felsen gestützte **Nájera** (arabisch „Ort zwischen Felsen"), einst Residenz navarresischer Könige, beherbergt im **Kloster Santa María la Real** eine der großen Totenstätten des Landes. Im Pantheon fanden mehrere Könige und Infanten von Navarra, Kastilien und León in kunstvoll gearbeiteten Sarkophagen ihre letzte Ruhe. Doch nicht alleine die Königsgruft ist sehenswert. Die Kirche des alten Klosters, ein gotischer Bau aus dem Jahre 1422, der einen romanischen Bau ersetzte, besticht durch ihr hoheitsvolles, klar gegliedertes Schiff und ihre goldüberströmte Retabelwand. Den großartigen, spätgotischen Kreuzgang schmücken mit zarten Steinfiligran gefüllte Arkadenbögen.

Um die Gründung des Klosters im Jahr 1052 durch König Don García rankt sich eine schöne **Legende**: Eines Tages, auf der Jagd, kreuzt eine Taube den Weg des Herrschers. Er wirft seinen Falken hoch. Plötzlich sieht er, wie Jäger und Gejagte in einer Höhle verschwinden. Als er die Höhle betritt, sitzen der Falke und die Taube friedlich nebeneinander zu Füßen einer von strahlendem Licht erhellten Marienstatue. Er beschließt, an dieser Stelle ein Kloster zu errichten. (Öffnungszeiten des Klosters: 10 - 12.30 h, 16 - 18.30 h)

## Wegbeschreibung Camino:

Vom Refugio aus halten wir uns rechts und fahren am Friedhof vorbei (das Friedhofstor trägt die unvergleichliche Inschrift: "Ich war, was du jetzt bist, du wirst sein, was ich jetzt bin"). Nach 3,3 km biegen wir rechts auf einen holprigen Pfad, der aber bald wieder besser wird. Als klaren Anhaltspunkt sehen wir das auf einer Anhöhe liegende Sansol vor uns. Wir kommen zu einer Teerstraße, die uns nach Sansol bringt. Am Ortsende gelangen wir zur N-111, überqueren diese schräg und holpern auf einem schmalen Weg in die "Schlucht" vor Torres del Rio. (Die wenigen hundert Meter bis Torres lassen sich bequemer auf der N-111 zurücklegen).

**Torres del Rio:** s. S. 45

Über die steilen Dorfstraßen gelangen wir zur Kirche Santo Sepulcro. Hinter Torres del Rio wartet der Camino nun mit stellenweise recht beschwerlichen Wegstücken auf. Wer es wagen will, läßt sich von den Muschelkacheln an den Häusern den Weg (aufwärts) aus Torres hinaus zeigen. Etwa 1 km weiter erreichen wir über ein jähes Gefälle einen kleinen Olivenhain. Wir wählen die linke Weggabel und schieben unser Rad ein Stück steil bergauf. An der nächsten Gabelung halten wir uns rechts und folgen der schmalen Spur, die stets nahe der N-111 verläuft. Wir überqueren die Landstraße, radeln durch einen Pinienwald; vorbei an der Eremita Virgen del Poyo (ehemals eine Pilgerherberge) steigen wir über Stufen zur N-111 hinab, fahren ca. 200 m auf der Landstraße und verlassen sie wieder nach rechts. Erneut erwartet uns eine kurze Schiebepassage. Wir kreuzen die Landstraße nach Bargota schräg und halten uns wieder rechts. In einiger Entfernung erblicken wir im weiten Tal des Ebro Logroño.

Die nächsten 5 km geht es meist steil bergab durch den Barranco Mataburros (Eselstöter-Schlucht). An einem kleinen Häuschen in den Weinfeldern folgen wir dem rechten Weg in die Talsohle der ehemaligen römischen Siedlung Cornava, kommen erneut an eine Weggabel und wählen den mittleren, steil bergauf führenden Weg. Wir kreuzen die N-111 und quälen uns auf eine Anhöhe. Oben angekommen, zeigt sich uns nun auch Viana. (Alternativ zu dem im folgenden beschrieben Stück bis Viana, folgt man besser gleich der N-111).

Ein kurzes Stück folgen wir nun der N-111, verlassen sie links, gelangen für wenige Meter zurück auf die Landstraße und lenken unser Rad dann wieder links auf einen Pfad. Unmittelbar bevor wir auf N-111 treffen, halten wir uns links auf einem von unangenehmen Dornenbüschen gesäumten, schmalen Pfad. Wir überqueren die N-111 und folgen dem Camino in die malerische Altstadt Vianas zur Plaza de los Fueros.

**Viana:** s. S. 45

Nach der kleinen Besichtigungspause verlassen wir Viana immer den Pfeilen nach. Am Ortsrand zweigt der Weg bei einer Reihenhaussiedlung nach links ab und führt uns bald durch stacheliges Gebüsch. Wir überqueren einen Wasserlauf, dann eine Asphaltstraße. Einige hundert Meter weiter fahren wir bei einem verfallenen Haus links, überqueren die N-111 und folgen nach ca. 100 m einem Teerweg zur Eremita Virgen de la Cuevas (17. Jh.). Nach der Einsiedelei fahren wir geradeaus weiter auf einem schlechtem Feldweg.

Bald geht es rechts Richtung N-111 durch einen kleinen Pinienwald. Wir überqueren die N-111 und fahren nun rechts der N-111. Auf Höhe der Papelera del Ebro gelangen wir auf einen roten Teerweg, bergab, bergauf folgen wir den Caminosteinen nach Logroño.

**Logroño:** s. S. 46

Momente der Stille in Torres del Rio

Über die Puente de Piedra lassen wir uns von den Pfeilen ins Zentrum der Hauptstadt der Rioja leiten.

Auf unserem Weg aus Logroño (Abstecher von Logroño zum Clavijo siehe im Anschluß an Tour 3!) folgen wir der Pilgerroute durch die Rúa Vieja, die Calle Barriocepo, die Calle de los Depositos, über die Plaza Alferez Provisional in die Calle Murrieta, die später zur Avenida de Burgos wird. 700 m nach einer Eisenbahnbrücke zweigt der Pilgerweg rechts ab. Wir folgen der Caminowegweisung durch einen Park bis zum Stausee del la Grajera. Dann rechts über den Staudamm. Vor einem Parkplatz fahren wir links hoch auf einen Weg oberhalb des rechten Seeufers. Am Ende des Sees folgen wir der Caminowegweisung und befinden uns dann links der N-232, bis wir auf die Verbindung der N-120 zur N-232 stossen. Vorsicht! Für etwa 200 m radeln wir auf dem breiten Seitenstreifen gegen die Fahrtrichtung zur N-120! Wir verlassen die Landstraße wieder nach rechts, kreuzen eine Asphaltstraße, halten uns erneut rechts, überqueren die A-68 und treten in gerader Linie auf das von weitem sichtbare Navarrete zu.

**Navarrete:** s. S. 48

Durch den Ort folgen wir den Pfeilen, bis wir zur N-120 Richtung Burgos gelangen, auf der wir die nächsten knapp 5 km hinter uns bringen. (Wenige hundert Meter nach der Einmündung liegt links von der Straße der Friedhof mit dem interessanten Portal) 4,5 km nach dem Friedhof zweigen wir links von der N-120 ab und queren die Straße nach Ventosa. Der ausgewaschene Lehmweg führt uns an einer Steinmännchen-Kolonie vorbei, stößt dann auf ein nicht mehr befahrenes Teilstück der alten Landstraße und kurz darauf auf die N-120, die wir überqueren. Unser Tagesziel Nájera schon vor Augen quälen wir uns über den schlechten Weg an dem terrassenförmigen Poyo Roldán vorbei. Die Überlieferung besagt, daß Roland auf dieser Anhöhe den muselmanischen Riesen Ferragut mit einem einzigen Steinwurf niedergestreckt hat. An einer Kiesgrube halten wir uns rechts und an der nächsten Weggabel links. Wir überqueren das normalerweise trockene Flußbett des Yalde, anschließend einen Bewässerungskanal und die N-120. Endlich haben wir es geschafft! Der Stadtrand von Nájera!

**Nájera:** s. S. 49

Den Teerbelag empfindet man nach dieser Marter als wahren Segen. Wir folgen den Schildern Albuerge de Peregrinos über den Nájerilla in die Altstadt zum Monasterio Santa María la Real. Im Refugio neben dem ehrwürdigen Gebäude beziehen wir erschöpft unser Lager.

# Abstecher zum sagenumwobenen Castillo de Clavijo bei Logroño

Wer Zeit und keine Angst vor zusätzlichen Höhen- und Kilometern hat, sollte sich den lohnenden Abstecher zum **Clavijo**, einem Ort legendärer Ereignisse rund um den Jakobuskult, nicht entgehen lassen. Etwa 15 km südlich von Logroño liegen erhaben auf einem Felssporn die Ruinen des Castillo de Clavijo. Zu ihren Füßen ein halbverlassenes Dorf. Nur die Ausflügler und die Feierabendradler aus Logroño beleben heute das abgeschiedene Nest. Klettert man hinauf zu den Resten der einst mächtigen Festungsanlage, bietet sich ein grandioser Rundblick. Im Norden die ausgedehnte Felderlandschaft des fruchtbaren Ebrotals, im Süden stille, bewaldete Kuppen und Täler.

**Info**

Was sich vor über 1000 Jahren in dieser kargen und großen Szenerie wirklich zugetragen hat, bereitet Historikern bis heute einiges Kopfzerbrechen: Die von glühenden Verehrern des Apostels Jakobus bevorzugte Version erzählt von einer großen Schlacht, in der der Asturierkönig Ramiro I. 844 die Armee des Emirs von Córdobas besiegte. Der unerwartete Triumph über die Mauren wird dem Eingreifen des Apostels zugeschrieben. Als strahlender Krieger auf einem Pferd von makellosem Weiß soll der Hl. Jakobus die Ungläubigen in die Flucht geschlagen haben und galt von nun an als Symbol für die Befreiung der Christen von dem Joch der Maurenherrschaft.

Einer anderen Überlieferung zufolge war der Sieg Ramiros I. jedoch dem entschiedenen Auftreten Sanchas, der Verlobten des Ritters Osorio, zu verdanken. Alljährlich hatten die Asturier den schmählichen „Tribut der 100 Jungfrauen" an den Maurenherrscher zu entrichten. Entsetzt über die Tatenlosigkeit der eigenen Männer gegenüber diesem entwürdigenden Geschehen, entblößte sich Sancha als eine der auszuliefernden Mädchen vor den christlichen Herren mit den Worten „Solange ihr euch wie ängstliche Weiber benehmt, brauche ich mich meiner Nacktheit doch nicht zu schämen. Wenn aber mit den maurischen Schergen richtige Männer hier erscheinen, werde ich mich sofort wieder ankleiden".

Und recht hatte sie! Angespornt von dieser Aufforderung zögerten die Mannen nicht mehr länger, den Arabern entschlossen entgegenzutreten. Heute geht man jedoch davon aus, daß die große Schlacht am Clavijo eher ein paar Jahre später und mit anderer Besetzung stattgefunden hat. So unternahm Ramiros' I. Nachfolger, Ordoños I., einen Feldzug gegen den bedeutenden maurischen Stützpunkt von Albelda, der den Zugang ins Ebro-Tal sicherte. Ob er dabei siegreich war, ist bis heute umstritten.

Wer noch weiter eintauchen will in das mittelalterliche Leben dieses einsamen Ortes, steigt auf einem schmalen Pfad hinab zu den Überresten einer untergegangenen Abtei. Nach einem halbstündigen Fußmarsch tauchen unvermittelt die immer noch beeindruckenden **Ruinen** einer gewaltigen **Klosteranlage** auf. Außerdem kann man noch die **Basilika des Laturce**, die ein monumentales Ölgemälde der Schlacht am Clavijo birgt, und die **Pfarrkirche** des Ortes aus dem 16. Jahrhundert besichtigen.Insgesamt 15 km auf asphaltierten Straßen, davon 10 km in zahlreichen Kehren stramm bergauf.

**Villamediana** 3,8 km (Bar und Einkaufsmöglichkeit) - **La Union** 12,3 km - 15 km **Clavijo** (Bar).

## Wegbeschreibung:

Wir verlassen Logroño über die Calle Piqueras auf der LR-250, durchfahren Villamediana und biegen nach etwa 5,4 km nach rechts auf die LR-460 Richtung Alberite/Clavijo. Knappe 10 km stetes Bergauf, begleitet von grandiosen Ausblicken, trennen uns noch von unserem Ausflugziel. An einem Abzweig folgen wir der Ausschilderung nach links Richtung La Union/Clavijo. Ca. 2,7 km hinter La Union haben wir es dann geschafft!

Auf ruhigen Wegen nach San Juan de Ortega

**4**

# Nájera - Santo Domingo de la Calzada - San Juan de Ortega

Auf alten Wegen, vor Jahrhunderten von Männern gebahnt, die sich ganz der Pilgerbetreuung verschrieben hatten, ziehen wir nach San Juan de Ortega. Ein Ort, der die schönste Blüte des Jakobswegs hervorbrachte - die Gastfreundschaft. Auch heute noch gilt was der Italiener Laffi im 17. Jh. geschrieben hat: "Die Nächstenliebe ist hier noch immer lebendig."

*Alternativroute:* Bis auf die verkehrsreichen Passagen zwischen Najera und Azofra (läßt sich problemlos mit Tourenrad und Gepäck auf dem Camino umgehen), sowie Belorado Tosantos, verläuft diese Mammutetappe auf ruhigen Nebenstraßen mit einigen Anstiegen durch die monotone Wein- und Felderlandschaft der La Rioja. Hinter Tosantos radelt man über zahlreiche Hügel auf einer einsamen, sich durch fruchtschwere Äcker ziehenden Straße bis San Juan de Ortega. Wir wählen diese längere, aber sehr reizvolle Route abseits der verkehrsreichen N-120, um den langgestreckten, kurvenreichen Anstieg durch die Oca-Berge zum Alto de la Pedraja (1150 m) zu umgehen.

*Camino:* Zwischen Santo Santo Domingo de la Calzada und Belorado verläuft der Camino bedauerlicherweise oft nahe der verkehrsreichen N-120. Ansonsten zieht der Camino im steten Auf und Ab über steinige Lehmwege bis Villafranca Montes de Oca und weiter über langgezogene, stellenweise sehr mühsame Steigungen auf die eindrucksvollen Höhen der Oca-Berge (um 1100 m) bis San Juan de Ortega. Über eines jedoch sollte man sich im klaren sein: sowohl die Länge der Etappe als auch die Wegbeschaffenheit stellen harte Anforderungen an Mensch und Material. Der Zauber Oca-Region offenbart sich aber gerade auf Camino besonders eindrucksvoll. Wer es wagen will, sollte aber erst ab Belorado den Camino nehmen. Erst ab hier lohnt es sich wirklich, die Anstrengung auf sich zu nehmen.

 *Azofra:* kleine gemütliche Herberge mit Küche neben der Kirche (14 Pl.);städtische Herberge, mit moderner Küche (60 Pl.); *Santo Domingo de la Calzada:* große gut ausgestattete Herberge mit langer Tradition, Calle Major (41 Pl.+); *Redecilla:* privates Haus mit Bar (22 Pl.+); *Villamayor del Rio:* etwas außerhalb gelegene private Herberge mit Garten (52 Pl.); *Belorado:* urige Herberge gegenüber der Kirche (24 Pl.+); *Villafranca Montes de Oca:* das sich seit Jahren in Restaurierung befindende Hospital de San Antonio Abdad stand zum Zeitpunkt unserer Recherchen immer noch nicht als Herberge zur Verfügung. Die Ausweichunterkunft fanden wir als eine geschlossene Bauruine vor; *San Juan de Ortega:* große und komplett ausgestattete, traditionsreiche Herberge mit spezieller Atmosphäre, Bar nebenan (58 Pl.)

**Sto. Domingo de la Calzada:** \*\*\*\*Parador de Santo Domingo, Plaza del Santo, 3, Tel. (941) 34 03 00; \*\*\*Hotel El Corregidor, Mayor, 14-16, Tel. (941) 34 21 28; Hospedería Cisterciense, Pinar, 2, Tel. (941) 34 07 00; **Belorado:** \*Hotel Belorado, Avda. Generalismo, 30, Tel. (947) 58 06 84; Pension Ojarre, C. De Santiago, 16, Tel (947) 58 02 23

 **Santo Domingo de la Calzada:** Ciclos Ollero, Avda. Burgos, 12, Tel. (941) 34 27 78

 **Santo Domingo de la Calzada:** Casa de Trastámara, Calle Mayor, 70, Tel. (941) 34 12 31

 **Alternativroute:** Azofra 7,5 km - Alesanco 9,1 km - Cañas 12,9 km - Santo Domingo de la Calzada 23,7 km - Herraméluri 34,8 km - Leiva 37 km - Tormantos 39,3 km - Belorado 52,4 km - Tosantos 57,7 km - Villalómez 65,5 km - Villamóndar 68,9 km Cerratón de Juarros 73,6 km - San Juan de Ortega 89,7 km
**Camino:** Azofra 5,5 km - Cirueña 15,2 km - Santo Domingo de la Calzada 20,2 km - Grañón 28 km - Redecilla del Camino 32,5 km - Castildelgado 34,2 km - Viloria de Rioja 36 km - Villamayor 39,6 km - Belorado 44 km - Tosantos 49,7 km - Espinosa 53,2 km - Villafranca Montes de Oca 56,9 km - San Juan de Ortega 69,7 km

## Wegbeschreibung Alternativroute:

Von gregorianischen Gesängen sanft geweckt, machen wir uns auf den Weg. Entlang der Felsen ziehen wir an den letzten Häusern Nájeras vorbei und folgen der N-120 Richtung Burgos. Nach 6,5 km zweigen wir links nach Azofra ab. Bevor wir die ersten Häuser erreichen, können wir an der Fuente de los Romeros (Wallfahrerquelle) unsere Trinkflaschen mit frischem Quellwasser füllen. 300 m nach dem Ortseingang biegen wir links nach Cañas auf die LR-206 ab und erreichen Alesanco und Cañas.

**Info**

**Cañas:** Monumental erhebt sich das **Zisterzienserkloster Santa María de Cañas** aus den Feldern. Die 1170 gegründete Abtei besitzt eine prächtige Kirche, ein kleines, erlesenes Museum und eines der schönsten Grabmäler Spaniens, das der seeliggesprochenen Doña Urraca López de Haro (13. Jh.). Gute 8 km von Cañas entfernt, liegen zwei weitere **Klöster**. **San Millán de Yuso** und das ältere, kleine Bergkloster **Suso**, das man über eine kurvenreiche Straße (noch etwa 2km)

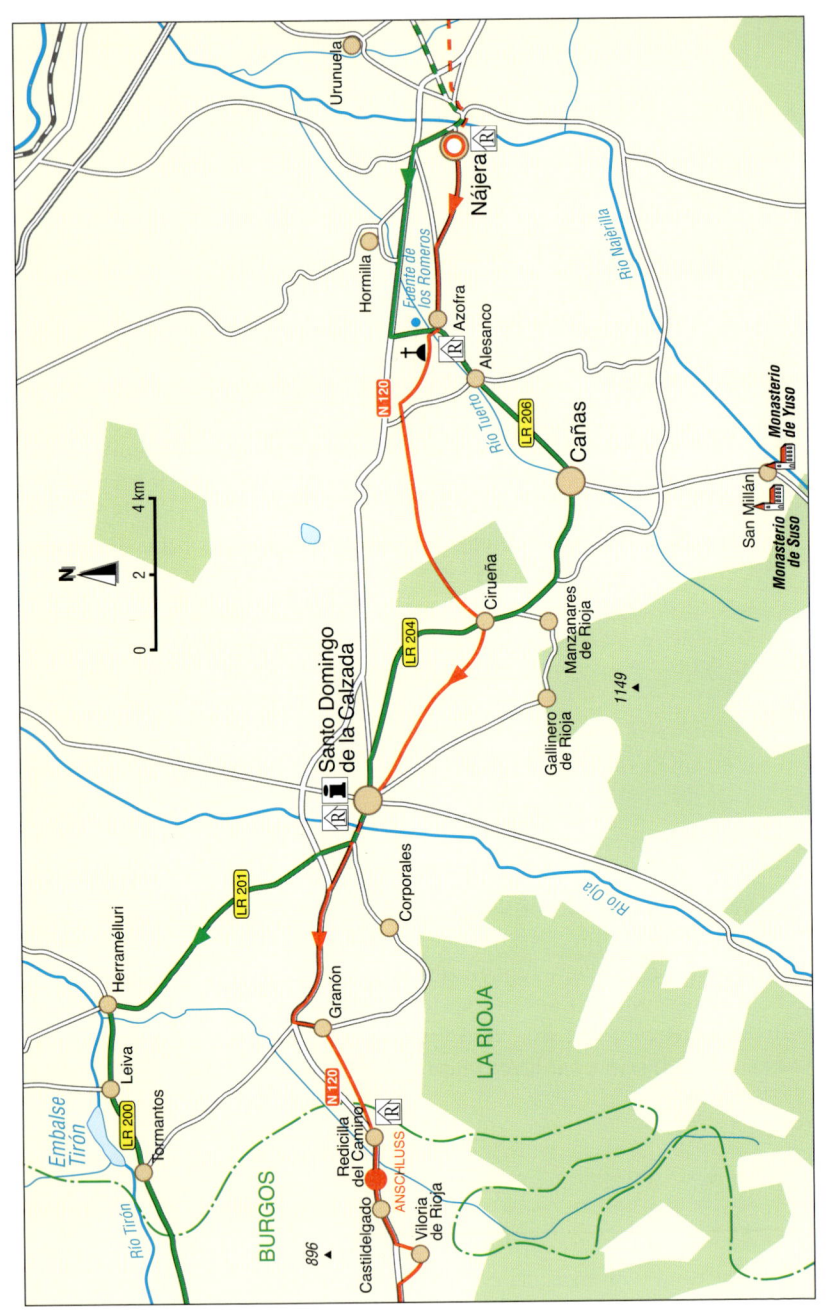

Urunuela

Nájera 🅁

Hormilla

Fuente de los Romeros

Azofra 🅁

Alesanco

N 120

Río Tuerto

LR 206

Cañas

Río Najerilla

Monasterio de Yuso

San Millán

Monasterio de Suso

N

4 km

2

0

Santo Domingo de la Calzada 🅁

Cirueña

LR 204

Manzanares de Rioja

1149 ▲

Gallinero de Rioja

Corporales

Río Oja

LR 201

Herramélluri

Granón

LA RIOJA

Leiva

Tormantos

Embalse Tirón

LR 200

N 120

Redecilla del Camino 🅁

ANSCHLUSS

Río Tirón

BURGOS

896 ▲

Castildelgado

Viloria de Rioja

58

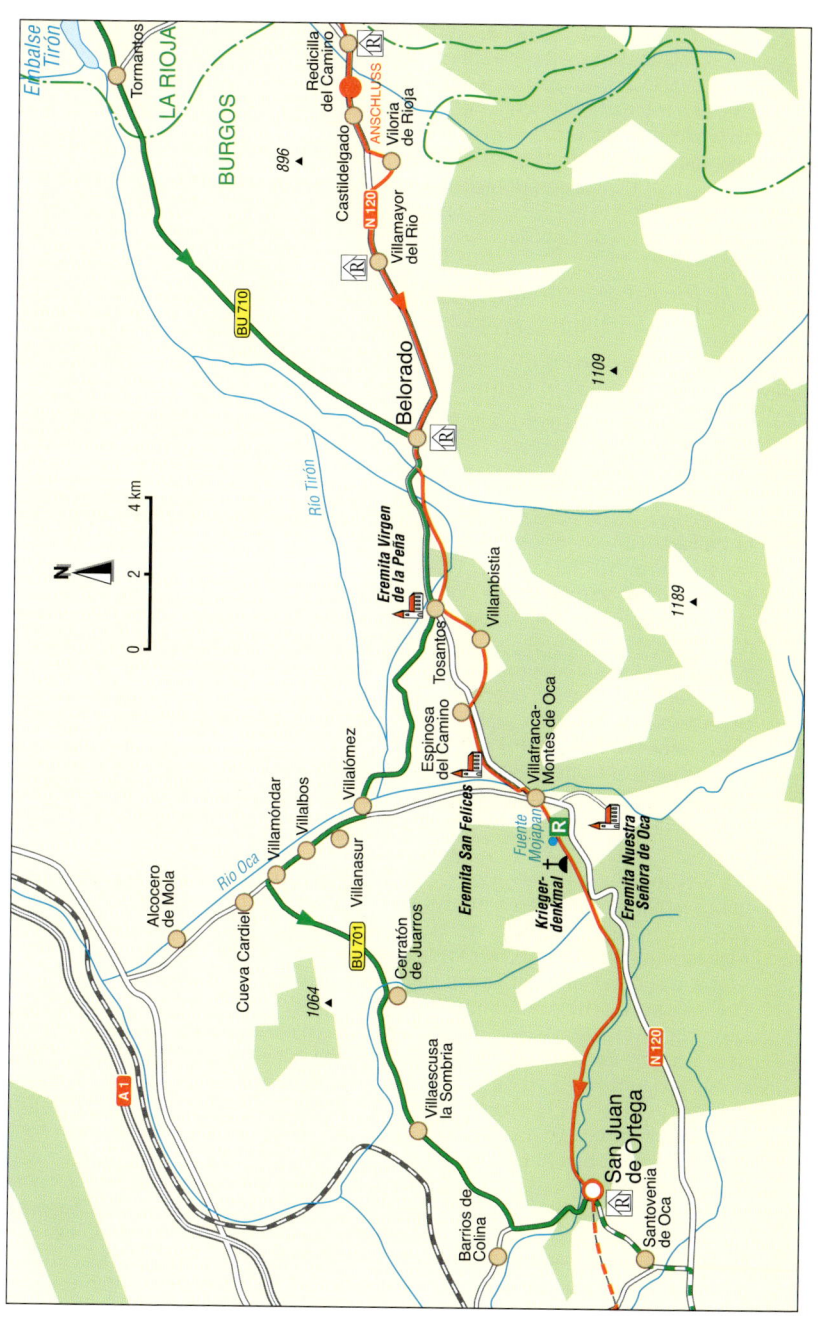

Tormantos

Embalse
Tirón

LA RIOJA

BURGOS

Redicilla
del Camino

ANSCHLUSS

Viloria
de Rioja

Castildelgado

896

N 120

Villamayor
del Río

BU 710

Belorado

Río Tirón

Eremita Virgen
de la Peña

Villambistia

Tosantos

1109

Villalómez

Espinosa
del Camino

Villafranca-
Montes de Oca

1189

Villamóndar

Villalbos

Eremita San Felices

Alcocero
de Mola

Río Oca

Villanasur

Fuente
Mojapan

R

Eremita Nuestra
Señora de Oca

Cueva Cardiel

Krieger-
denkmal

BU 701

Cerratón
de Juarros

1064

A1

Villaescusa
la Sombría

N 120

San Juan
de Ortega

Santovenia
de Oca

Barrios de
Colina

N

0   2   4 km

59

Info erreicht. Die Benediktinerabtei Yuso wurde 1053 gegründet und vom 16. bis 18. Jh. im klassizistisch-barocken Stil erneuert. Sehenswert sind der mit ausdrucksvollen Elfenbeinschnitzerein verzierte Reliquienschrein des Hl. Millán und einige wertvolle alte Handschriften (darunter riesige Gregorianische Gesangsbücher) der Klosterbibliothek. Die mozarabische Kirche von Suso stammt aus dem 10. Jahrhundert und war Wallfahrtsort des gesamten Mittelalters. Sie ist unmittelbar an die Felsen gebaut, in dessen Höhlen der Hl. Millán (473-574) lebte und beerdigt wurde. (Um diese beiden Klöster zu besuchen, folgt man ab Cañas der Ausschilderung San Millán de Cogolla.)

In Cañas folgen wir der Ausschilderung nach Sto. Domingo auf einer kontinuierlich ansteigenden Nebenstraße, bis wir nach 3,1 km auf die LR-204 rechts abzweigen und gemütlich bis Santo Domingo de la Calzada rollen. Im Ort halten wir uns an die Ausschilderungen Albuerge de Peregrino und Catedrale. Wir kommen durch die Calle Mayor zur Kathedrale.

Info Nur wenige Städte können eine so reiche Pilgertradition wie **Santo Domingo de la Calzada** vorweisen. Die Entstehung dieses Marktfleckens geht auf den Hl. Domingo zurück. 1019 im nahen Viloria geboren, ließ er sich nach seiner Ausbildung in den Abteien von Valvanera und San Millán am Ufer des Oja als Einsiedler nieder. Der Weg durch die dichten Wälder um den Rio Oja ist zu diesem Zeitpunkt noch nicht gebahnt und so trifft der Hl. Domingo immer wieder auf erschöpfte Wallfahrer, die sich damit abquälen, den Fluß zu durchwaten. Er beschließt, eine Straße und eine Brücke über den Oja zu bauen, und erlebt die bedingungslose Unterstützung von König Alphons VI. Er vervollständigt sein Werk durch den Bau einer Herberge, die er selbst als Herbergsdiener betreut, sowie eines Hospitals und der Kathedrale. Nach dem Tod des Heilligen und seiner Beerdigung in der Kathedrale im Jahre 1100 wuchs die kleine Ansiedlung zu einem bedeutenden Ort heran.

Die **Kathedrale del Salvador** (1098 begonnen), ein typischer Bau der Übergangsarchitektur von Romanik zur Gotik, mit einem schlanken, freistehenden Barockturm aus dem 18. Jh., birgt neben dem großartigen spätgotischen Alabastermausoleum des Hl. Domingo einen prachtvollen flämischen Altaraufsatz. Ein Hühnerkäfig mit einem lebenden Hühnerpaar, das etwa alle drei Wochen ausgetauscht wird, erinnert an das ausgefallene Hühnerwunder des Hl. Domingo: Auf dem Weg nach Santiago nächtig ein deutsches Ehepaar mit seinem Sohn in der Herberge zu Santo Domingo. Eine junge Magd versucht den hübschen Jungen zu verführen, der sie aber zurückweist. Die Magd fühlt sich beleidigt und versteckt einen Silberbecher im Ranzen des Jungen. Am nächsten Morgen bezichtigt sie ihn des Diebstahls. Der junge Mann wird von der Polizei ergriffen und, obwohl er vor dem Richter mehrfach seine Unschuld beteuert, gehängt. Bevor die fassungslosen Eltern ihre Reise fortsetzen, kehren sie noch einmal zur Richtstätte zurück. Plötzlich vernehmen sie die Stimme ihres Sohnes. "Ich bin nicht tot", sagt der Sohn. Sie sollen ihr Jammern lassen, der Hl. Domingo halte ihn an den Beinen, es gehe ihm gut. Die Eltern suchen sofort den Landrichter auf, der sich soeben zu Tisch gesetzt hat und berichten von der

**Info** unglaublichen Begebenheit. Der Richter, erbost über das hartnäckige Gesindel, schreit erzürnt. "Euer Sohn ist so sicherlich tot, wie dieser Hahn und dieses Huhn in der Bratröhre tot sind!" Der Ofen öffnet sich und Hahn und Henne spazieren unter Gackern und Fügelschlagen heraus. Der sprachlose Richter eilt mit seinen Leuten zum Schindanger hinaus und tatsächlich, der Junge ist am Leben. Man knüpft ihn ab und läßt die erleichterte Familie weiterziehen. Die Magd jedoch wird ihrer niederträchtigen Tat überführt und statt diesem hingerichtet.

Weiter geht es über die Calle Mayor. Am Plaza San Francisco orientieren wir uns an der Ausschilderung Richtung Belorado/Burgos, überqueren den Oja und biegen gleich nach der Brücke auf die LR-201 ab. Die Nebenstraße führt uns durch Kornfelder geradewegs auf Herraméluri zu. Gleich am Ortsanfang halten wir uns links. Auf der LR-200 radeln wir dann durch die Weiler Leiva und Tormantos.

**Info** Zwischen Leiva und Tormantos liegt parallel zur LR-200 der **Stausee** des Rio Tirón. Rund um den See und in den Auen flußabwärts gibt es einige Bademöglichkeiten. (Den Abzweig hinter Leiva rechts Richtung Embalse Tirón nehmen)

Noch gute 2 km und wir verlassen das Weinland La Rioja und tauchen in die Provinz Burgos ein. Die bisher gut ausgebaute Straße wird schmäler und heißt nun BU-P7101. Ohne den abzweigenden Querwegen Beachtung zu schenken, treten wir kaum sichtbar, dafür spürbar bergauf nach Belorado. Ins Ortszentrum gelangt man links über die Calle Martinez.

**Info** Das alte Marktstädtchen **Belorado** liegt halb umklammert von einer Lößwand geschützt im Tal des Rio Tirón. Von dem ehemaligen **Hospiz Santa María de Belén** ist nur eine Einsiedelei erhalten. In die Steilwand hinter dem Kirchlein sind die "sieben Fenster", ehemalige Einsiedeleien, gehöhlt. Neben der **Pfarrkirche Santa María** ist im früheren Theater eines der urigsten Refugios des Jakobswegs untergebracht. Am Ortsausgang kommt man zur vom Hl. Juan de Ortega gebaute Brücke über den Tirón, die mit bemerkenswerten Details aufwartet. Heute ist Belorado ein Zentrum der Lederkonfektion.

In Belorado folgen wir der Hauptstraße Richtung Tosantos, überqueren den Rio Tirón und gelangen zur auf den nächsten Kilometern viel befahrenen N-120. Kurz nach  Tosantos zweigen wir rechts auf die hügelige Nebenstraße nach Villalómez ab. Kein Auto stört die grüne Idylle. In Villalómez halten wir uns an einer T-Kreuzung rechts Richtung Castil de Peones/BU-702.

Wir passieren Villanazur und Villalbos und erreichen nach 3 km Villa-móndar. Nach dem Ort biegen wir links auf die platanengesäumte BU-701 nach Cerratón de Juarros ab. Zunächst durch die Ebene, dann bergauf, durch Cerratón, halten wir uns 4 km hinter dem Ort geradeaus Richtung Barrios de Colina. Vorbei an kleinen verfallenen Weilern folgen wir nach 4,6 km scharf links dem Wegweiser zu unserem heutigen Etappenziel, San Juan de Ortega.

Am Rande der Montes de Oca liegt der emblematische Ort **San Juan de Ortega**. Einst war dieser Landstrich wegen seiner Unwegsamkeit, seines extremen Klimas, aber vor allem wegen der blutrünstigen Räuberbanden, die hier Pilgern auflauerten, besonders gefürchtet. Erst als der im Jahre 1080 im nahen Quintanaortuño geborene Hl. Juan de Ortega, ein Schüler des Hl. Domingo de la Calzada, den Weg durch diese rauhe Gegend bahnte und hier zu Beginn des 12. Jahrhunderts eine Mönchsgemeinschaft nach den Ordensregeln des Hl. Augustin gründete, verlor die Wildnis der Oca-Berge an Schrecken. Er errichtete eine dem Hl. Nicolás de Bari geweihte Kapelle als Dank für die von diesem Heiligen erfahrene Hilfe bei einem Schiffbruch auf seiner Wallfahrt nach Jerusalem, und ein Hospiz, von dem heute nichts mehr erhalten ist. Nach seinem Tod im Jahre 1163 in Nájera wird San Juan in der Kapelle bestattet.

Neben verschiedenen anderen Wundertaten schreibt man dem Heiligen vor allem die Heilung unfruchtbarer Frauen zu. So pilgerte auch 1477 Isabella die Katholische nach sieben kinderlosen Ehejahren an sein Grab und erfährt prompt Hilfe. Aus Dankbarkeit läßt sie auf der ursprünglichen Kapelle die jetzige prächtige **Kapelle San Nicolás de Bari** errichten. Aus der gleichen Epoche stammt auch die herrliche **Klosterkirche San Juan de Ortega**. Das romanische Bauwerk, mit später hinzugefügten spätgotischen Elementen, birgt das prunkvolle Mausoleum des Heiligen. Tatsächlich ruhen seine Gebeine jedoch in einem romanischen Skulpturensarkophag (12. Jh.) in der Krypta der Klosterkirche. An die Nordseite der Kirche schließt der architektonisch nüchterne Kreuzgang des Klosters an. Im **Claustrillo**, dem kleinen Kreuzgang neben der San-Nicolás-Kapelle, ist heute die Pilgerherberge untergebracht.

## Wegbeschreibung Camino:

Vorbei am Kloster Santa María la Real verlassen wir Nájera. Wir überwinden auf einem breiten Feldweg den ziegelroten Felsenzug und halten uns an einer Weggabel rechts. Der Weg mündet links in eine schmale Landstraße, die uns nach Azofra bringt. Wir durchqueren das Dorf, folgen am Ortsausgang kurz dem Zubringer zur N-120 nach rechts und biegen vor der alten Pilgerquelle Fuente de Romeros nach links auf einen lehmigen Weg ab. An einem alten Kreuz vorbei durchbricht der Camino einen Bewässerungskanal, zweigt 400 m weiter nach rechts dann sofort wieder nach links ab und kreuzt die Landstra-

Kurze Verschnauf- und Orientierungspause am Dorfbrunnen von Rabé de la Calzada

ße nach Alesanco. An den folgenden drei Weggabelungen halten wir uns links.

Über einen steilen Anstieg gelangen wir auf eine Hochebene und lenken unser Rad bis zu einer Golfanlage, rechts, links und dann geradeaus am Friedhof vorbei auf Cirueña zu. Wir verlassen den Ort auf der Teerstraße und biegen nach 500 m nach links auf einen Feldweg. Über das hügelige Gelände ständig bergauf und bergab, ohne Nebenwege zu beachten, erreichen wir das Marktstädtchen Santo Domingo de la Calzada.

**Santo Domingo de la Calzada:** s. S. 60

Die Ausschilderung Albuerge de Peregrino bringt uns durch die Calle Mayor zur Kathedrale. Weiter geht es durch die Calle Mayor zur Plaza

San Francisco. Wir halten uns rechts Richtung Belorado und gelangen über den Rio Oja auf die N-120 Richtung Burgos. Ca. 1,5 km nach der Brücke können wir auf einem breiten Kiesweg links der Nationalstraße ausweichen. Gute 4 km weiter zweigen wir links nach Grañon ab. Durch den Ort folgen wir den Pfeilen. Nach den letzten Häusern fahren wir zunächst rechts und dann sofort links bergab. An der Weggabel halten wir uns rechts, kreuzen einen Feldweg und biegen kurz danach nach links auf einen Pfad ab, der bis Redecilla del Camino parallel zur N-120 verläuft. (Kurz vor Redecilla haben wir die Grenze zwischen La Rioja und Kastilien-León überschritten). Wir durchqueren das Dorf auf seiner Hauptstraße und setzen unsere Fahrt am Ortsausgang auf einem breiten Kiesweg links der N-120 fort. Bis auf einen kleinen Schlenker nach Viloria de Rioja folgen wir diesem Weg bis Belorado.

**Belorado:** s. S. 61

Am Ortsanfang folgen wir dem Camino rechts über einen Feldweg zur Kirche Santa María. Von dort leiten uns die Pfeile über die Plaza Mayor durch die Avenida Camino del Santiago geradewegs in eine Sackgasse. Wir überqueren die N-120, radeln links davon weiter und überqueren den Rio Tiron auf einer Holzbrücke. 100 m nach der Tankstelle und der Rotkreuzwache biegen wir links ab. An einer Weggabel halten wir uns rechts und ca. 700 m weiter geradeaus auf einen verwilderten Pfad. Bald erreichen wir Tosantos und erblicken rechts in der Felswand die Eremita Virgen de la Peña. Am Ortsrand fahren wir links sanft bergauf. Durch das Schachbrett der Felder gelangen wir nach Villambista. An einem "Pilgerrastplatz" nehmen wir die rechte Gabel, überqueren am Ortsrand von Espinosa del Camino die N-120 und folgen den Pfeilen durch das baufällige Dörfchen. Der Weg steigt nun sanft auf eine Anhöhe, von der wir bis Villafranca Montes de Oca rollen.

**Info**

Das uralte, langgezogene Straßendorf **Villafranca Montes de Oca**, im Jahre 589 zum ersten Mal im III. Konzil von Toledo als Bischofssitz (erst 1075 nach Burgos verlegt) urkundlich erwähnt, war bereits im 9. Jh. ein wichtiger Markstein am Jakobsweg. An sein Santigo-Hospiz erinnert heute nur noch der Widmungsname der Pfarrkirche (18. Jh.). Sie birgt zwei Statuen des Apostels und ein ungewöhnliches Taufbecken, eine riesige Naturmuschel von den Philippinen.

Am Ortsausgang zweigt links ein Weg zur **Einsiedelei Nuestra Señora de Oca** und zum **Pozo de San Idalecio** ab. Ein in Stein gefaßter Teich an einer glasklaren Quelle erinnert an San Idalecio, den Schüler Santiagos, der hier sein Martyrium erlitt. Der **Abstecher** lohnt auch wegen der Traumlandschaft der Oca-Schlucht, in die man weit hineinwandern kann.

Auf Höhe der Santiago-Kirche verlassen wir die Hauptstraße und können unser Rad bald nur noch schiebend bergauf bewegen. Aber keine Panik! Nach 100 m können wir wieder aufsteigen. Stets bergauf ziehen wir über einen bunten Teppich von Heidekraut, Lavendel und niedrigen Sträuchern in einen schattigen Eichenwald. Auf dem Kamm der Oca-Berge angelangt, passieren wir ein Kriegerdenkmal, überwinden eine tiefe Senke, kreuzen eine Piste und halten uns dann an einer Weggabel rechts. Auf einer breiten Lehmschneise durch das Nadelgehölz rollen wir nun mühelos in die Talsenke von San Juan de Ortega.

**San Juan de Ortega:** s. S. 62

# 5

# San Juan de Ortega - Burgos - Hontanas

Nach den herben, bewaldeten Höhen der Montes de Oca tauchen wir ein in die baum- und strauchlose Wüste der Meseta. Das Licht besitzt hier eine schneidende Schärfe, ein Schattenplatz wird zum Ereignis. Nur Burgos, die alte Hauptstadt Kastiliens, reißt uns aus der Stille, nimmt uns gefangen mit seinem imposanten, alles beherrschenden Gotteshaus.

## Toureninfos

 *Alternativroute:* Von San Juan de Ortega folgen wir einer ruhigen Nebenstraße bis zur N-120. Die knapp 18 km bis Burgos auf der Nationalstraße gestalten sich den Umständen entsprechend. Natürlich stört der Verkehr, ist aber trotz der nahen Großstadt noch erträglich. Erst hinter Burgos wird diese Etappe anstrengender. Einige Steigungen ziehen das Stück auf der N-120 beharrlich in die Länge. Die letzten 16 km des Tages radeln wir wieder auf einer weitgehend verkehrsfreien und meist ebenen Nebenstraße durch die außergewöhnliche Landschaft der Meseta.

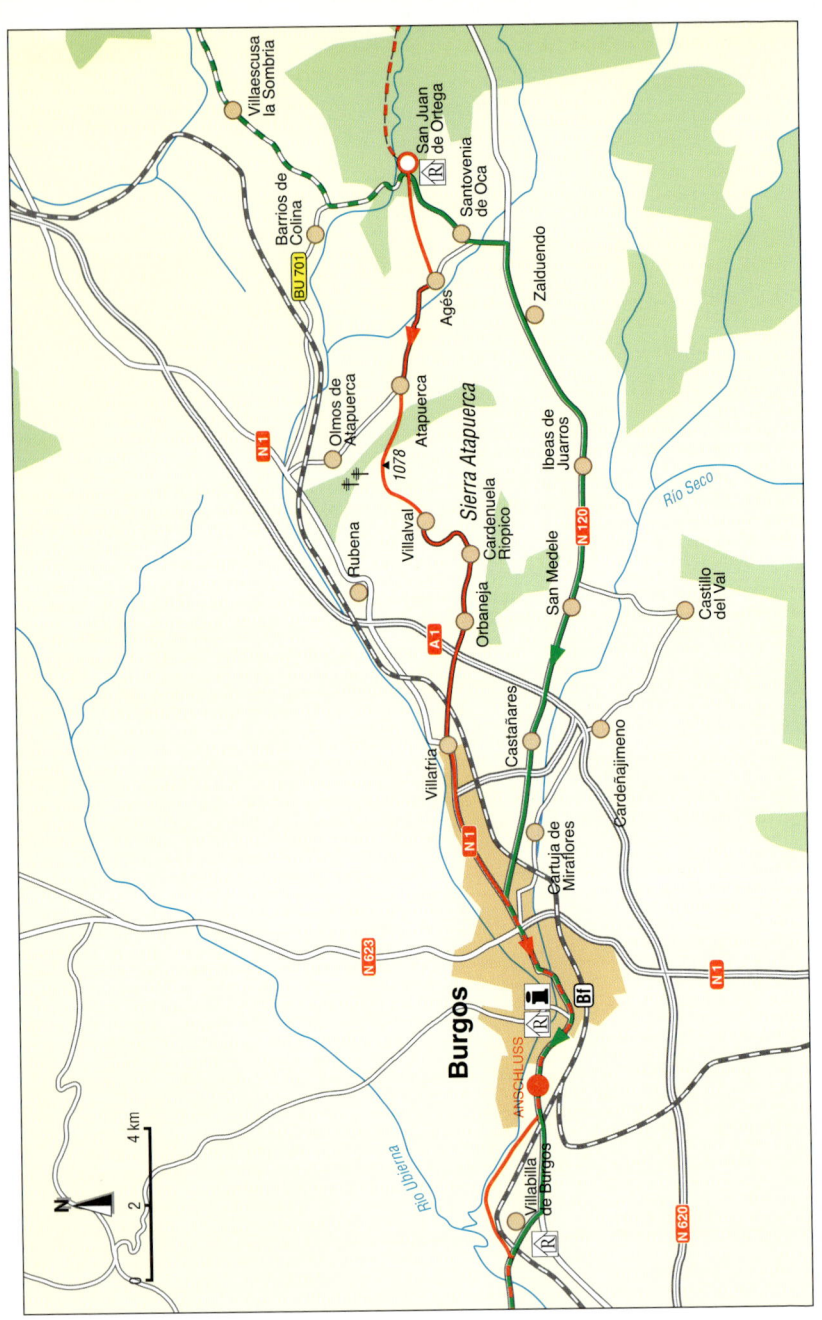

Villaescusa la Sombria

San Juan de Ortega

Barrios de Colina

BU 701

Santovenia de Oca

Agés

Zalduendo

Atapuerca

Olmos de Atapuerca

N 1

1078

*Sierra Atapuerca*

Ibeas de Juarros

Rio Seco

Villalval

Cardenuela Riopico

Rubena

San Medele

N 120

Castillo del Val

Orbaneja

A 1

Castañares

San Medele

Cardeñajimeno

Villafría

Cartuja de Miraflores

N 1

N 623

Burgos

Bf

ANSCHLUSS

N 1

Rio Ubierna

N

4 km

2

0

Villabilla de Burgos

N 620

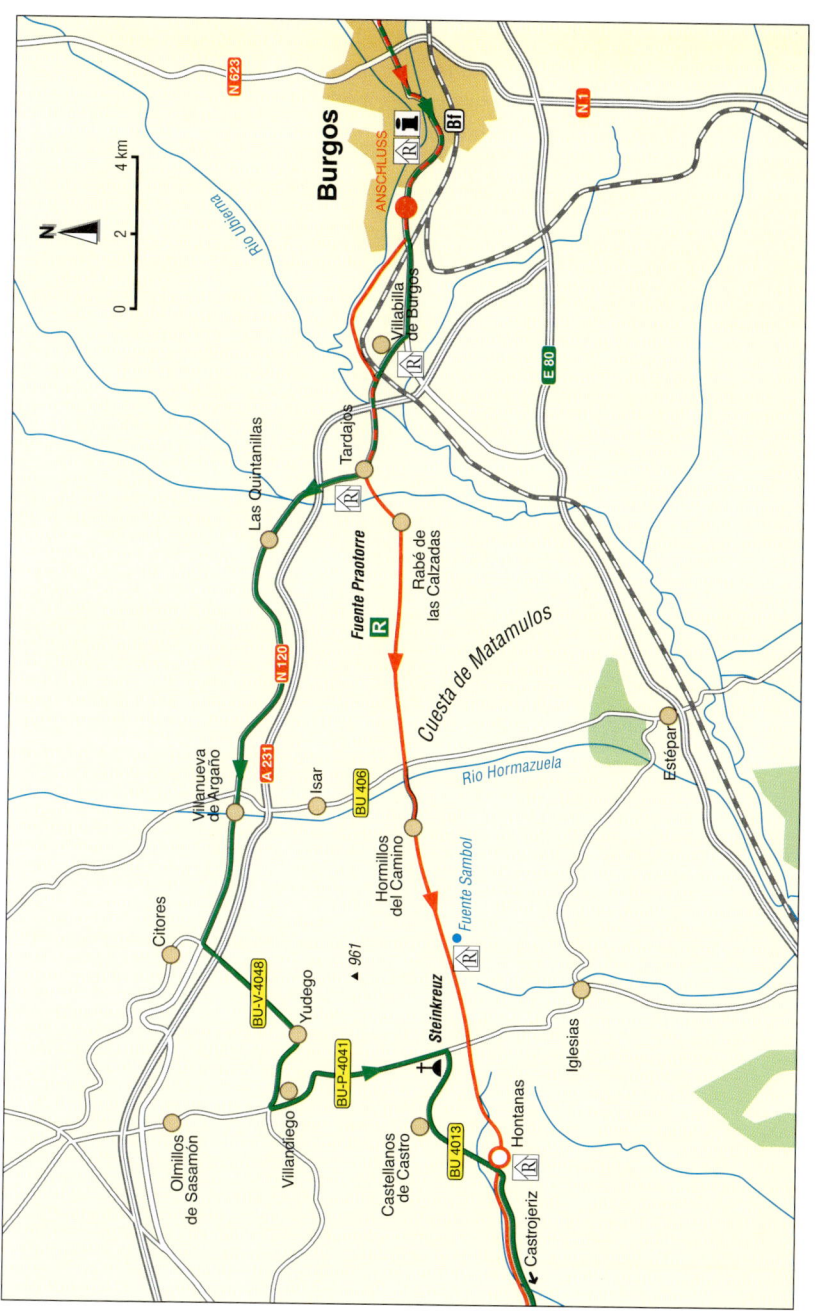

Burgos

N 623

N 1

ANSCHLUSS

Bf

Villabilla de Burgos

Río Ubierna

E 80

Tardajos

Las Quintanillas

*Fuente Praotorre*

R

Rabé de las Calzadas

*Cuesta de Matamulos*

N 120

A 231

Villanueva de Argaño

Isar

BU 406

Río Hormazuela

Estépar

Hormillos del Camino

Fuente Sambol

Citores

▲ 961

R

BU-V-4048

Yudego

*Steinkreuz*

Iglesias

BU-P-4041

Villandiego

Castellanos de Castro

BU 4013

Hontanas

R

Olmillos de Sasamón

Castrojeriz

**Camino:** Von San Juan de Ortega bis Villafria finden sich immer wieder schwierige Passagen. Der Rest der Etappe verläuft bis auf kurze steinige Abschnitte auf gut befestigten Wegen durch die kargen und schattenlosen Weiten der Meseta.

**Burgos:** Hölzener Fertigbau, ohne Küche im Parkgelände an der Avenida de José Villacián, stadtauswärts Richtung León (96 Pl.); **Villabilla de Burgos:** sehr kleine Herberge mit (6 Pl.); **Tardajos:** kleine Gemeindeherberge ohne Küche (12 Pl.+); **Sambol:** kleine Herberge mit Verpflegung (12 Pl.); **Hontanas:** sehr liebevoll restaurierte Herberge, Frühstück und Abendessen wird angeboten (55 Pl.)

**Atapuerca:** Zimmer Casarrota – La Campesina, Tel. 699273856; Zimmer Papasol, Tel. (947) 43 03 20; **Burgos:** ****Hotel Puerta de Burgos, Vitoria, 69, Tel. (947) 24 10 00; ***Hotel del Cid, Plaza Santa María, 8, Tel (947) 20 87 15; **Hostal Arlanzón, C. Vitoria, 242 1°, Tel. (947) 47 03 69; *Hostal Joma, San Juan, 26-2, Tel. (947) 20 33 50; **Tardajos:** Zimmer Mary (manchmal hat Mary einen schlechten Tag), Pozas, s/n, Tel. (947) 45 11 25

**Burgos:** Río Vena, 6km außerhalb in Villafría, Tel. (947) 48 41 20; Fuentas Blancas, 4 km außerhalb in Cartuja Miraflores, Tel. (947) 48 60 16

**Burgos:** Bikextrem, Reyes Católicos, 36, Tel. (947) 24 00 03; JC Bikes, C. Antonio de Cabezon, 4, Tel. (947) 26 02 53

**Burgos:** Plaza Alonso Martinez, 7, Tel. (947) 20 31 25 / 20 18 46

**Burgos:** Busstation, Calle Miranda, 4, Tel. (947) 28 88 55; Bahnhof, Plaza de la Estación s/n, Tel. 902 24 02 02

**Alternativroute:** Santovenia 3 km - Zalduendo 5,8 km Ibeas de Juarros 10,1 km - Castañares 18,1 km - Burgos 21,6 km - Burgos Eisenbahnbrücke 27,8 km - Villabilla de Burgos 30,5 km - Tardajos 35,4 km - Las Quintanillas 39 km - Villanueva de Argaño 46,7 km - Yudego 54,7 km - Villadiego 56,7 km - Hontanas 68,1 km

**Camino:** Agés 3,3 km - Atapuerca 5,8 km - Sierra Atapuerca 8,2 - Rubena 11,1 km - Burgos 15,2 km - Villabilla 27,3 km - Tardajos 30,3 km - Rabé de las Calzadas 32,4 km - Hornillos del Camino 40,4 km - Sambol 46,6 km - Hontanas 52 km

## Wegbeschreibung Alternativroute:

Vom stillen San Juan de Ortega machen wir uns heute auf den Weg in die Hauptstadt Kastiliens, Burgos. Vom Refugio aus halten wir uns rechts und nehmen nach 25 m den Abzweig links bergauf Richtung Burgos. Nach dieser kurzen Steigung haben wir die letzten Ausläufer der Oca-Berge überwunden und rollen mühelos nach Santovenia. Im Ort fahren wir links und kommen zur N-120, die uns ohne Umwege über Zalduendo, Ibeas de Juarros und Castanares bis Burgos bringt. Achtung! Durch die Stadt folgen wir nicht dem Pilgerweg, da dieser später über zahlreiche Stufen zur Kathedrale führt, sondern der Ausschilderung Centro Ciudad. Über die Avenida la Constitución gelangen  wir in die Calle Vitoria zur platanengesäumten Fußgängerzone Paseo de Espolón. Durch das eindrucksvolle Stadttor, Arco de Santa María, erreichen wir die Kathedrale.

**Info**

Am Fuß eines mit Wehrtürmen (spanisch „burgos") befestigten Hügels gründete Graf Diego Rodríguez Porcelos 884 **Burgos** als Bollwerk gegen die Mauren. Die Stadt entwickelte sich rasch zum politischen und wirtschaftlichen Zentrum der Grafschaft Kastilien. Im Kampf gegen die Araber dehnte sie von nun an ihre Grenzen ständig aus, bis sie unter König Ferdinand I. zu einem unabhängigen Königreich wurde. 1037 erhob man Burgos schließlich zur Hauptstadt der Vereinigten Königreiche León, Asturien und Kastilien. König Alphons VI. verlegte im Jahre 1075 den Bischofssitz von Oca nach Burgos. Durch das Zurückdrängen der Mauren wählten letztendlich auch die Jakobspilger den Weg über diese Stadt, was Burgos mit mehr als 30 Hospizen bald zur bedeutendsten Pilgerstation am Weg machte. Aber auch architektonisch spiegelt sich der Einfluß der zahllosen durchziehenden Fremden im Stadtbild wider. Das Wirken wandernder Baumeister äußert sich deutlich in der Herrlichkeit der gotischen Kathedrale und den zahlreichen Kirchen und Klöstern der Stadt.

Im 16. Jahrhundert änderte sich jedoch alles schlagartig: Burgos litt unter Überschwemmungen, Pestepidemien und kriegerischen Überfällen. 1808 besiegten die Franzosen die Spanier bei Burgos und erst 1812 wurde die Stadt von dem Engländer Wellington befreit. Als Franco während des Bürgerkriegs (1936-39) Burgos zum Sitz der nationalen Regierung machte, erlebte die Stadt einen erneuten Aufschwung und gehört inzwischen wieder zu den kulturellen und wirtschaftlichen Zentren der Region Kastilien-León.

Burgos Geschichte ist aber auch unlösbar mit einer der bedeutendsten historischen Personen Spaniens verbunden - dem Nationalhelden der Reconquista - **Rodrigo Díaz**. Als Sproß einer Hochadelsfamilie, um 1050 in Vivar bei Burgos geboren, diente er als Feldherr König Sancho II. von Kastilien, der ihm nach einem erfolgreichen Zweikampf den Ehrentitel Campeador (Kämpfer) verlieh. Als Sancho II. 1072 ermordet wurde, ließ er sich in die Ritterschar des neuen Königs, Alphons VI., aufnehmen und heiratete dessen Nichte Doña Jimena. Insgeheim machte er jedoch Alphons VI. für die Ermordung Sanchos II. verantwortlich und gab seine Vermutungen im Laufe der Zeit so offen zu erkennen, daß er schließlich 1081 verbannt wurde, in das Lager des Maurenfürsten von Zaragoza wechselte und für diesen gegen christliche Heerscharen, aber nie gegen seinen früheren Lehensherren kämpfte. Aus dieser Zeit stammt auch sein arabischer Beiname **El Cid** (der Herr). Für kurze Zeit söhnte er sich mit Alphons aus und trat wieder in dessen Dienst. Als ihn der Zorn des Königs erneut traf, bemächtigte er sich des Maurenreichs Valencia, das er bis zu seinem Tod (1099) gegen die vorrückenden Almoraviden erfolgreich verteidigte. Der offenbare Verrat an der kastilischen Sache tat seiner Beliebtheit jedoch keinen Abbruch. So entstand bereits 40 Jahre nach seinem Tod das Heldenepos "Cantar del mio Cid". Später wurden zahlreiche romanhafte Erzählungen über die Taten des Cid verfaßt und auch neuere Autoren wie Herder und Eichendorff nahmen sich dieses Stoffes an.

**Sehenswertes in Burgos**: Die das gesamte Stadtbild beherrschende **Kathedrale Santa María** ist nach der von Sevilla und Toledo die drittgrößte Spaniens. Sie gilt zurecht als eine der eindrucksvollsten gotischen Kirchen. Ihre Grundsteinlegung (1221) erfolgte anläßlich der Heirat König Ferdinands III. mit der Stauferin Beatrix von Schwaben. Der Bau selbst erfolgte in zwei großen Bauabschnitten. Im 13. Jh. entstanden die Schiffe, die Portale und der Chor, im 15. Jh. die Türme der Westfassade. Man betritt die Kathedrale über eine herrlich lange Treppe durch das Südportal del Sarmental. Unter der Vierungskuppel, die wie ein kunstvoller Stern konstruiert ist, befindet sich das schlichte Grabmal von El Cid und seiner Frau Jimena. Das aus Nußholz geschnitzte Chorgestühl (Coro) ist mit biblischen Szenen, Heiligenlegenden, antiken Mythen sowie lustigen, lasterhaften und abschreckenden Abbildungen verziert. Um Hochaltar und Coro sind eine Vielzahl von Kapellen angeordnet. Besonders erwähnt sei die Kapelle Santo Cristo, rechts vom Hauptportal gelegen. In ihr wird eine von dünnem Leder und Naturhaar bedeckte, sehr lebendig wirkende Holzfigur Christi verehrt. Auf der linken Seite des Hauptportals ist der kuriose, fliegenschnappende Papamoscas, eine Spielfigur aus dem 16. Jh., der im Viertelstundenrhythmus die Kinnlade zuschlägt.

Gegenüber der Kathedrale steht der historische **Arco de Santa María** (1536). Mit seinen eigenwillig geformten Zinnen und seitlichen Türmen wirkt das Stadttor für einen Festungsbau sehr verspielt. Hoch über der Kathedrale erreicht man über steile Treppen die kleine gotische **Kirche San Nicolás** (1408), deren Hauptaltar mit Alabasterreliefs verziert ist. Dahinter liegen die dreischiffige gotische **Kirche San Esteban** mit einer schönen Fensterrose und Renaissancekapellen und die **Kirche Santa Gadea/Águeda**, in der laut Überlieferung El Cid König Alphons VI. zu dem Schwur zwang, daß er keine Schuld am Tod seines Bruders Sancho hatte. In der Calle de San Juan steht die reich ausgeschmückte gotische **Kirche San Lesmes** (14.-16. Jh.), in der auch der Schutzpatron der Stadt begraben liegt.

**BURGOS**

Barriada J.Yagüe

San Pedro de la Fuente

Río Arlanzón

Calle Seramagna
Benedictina

Avenida José

Calle Don Juan
de Austria

Hospital
del Rey

Refugio

Paseo de los
Comendadores

Avenida de Palencia

Las Huelgas

Monasterio de
Las Huelgas Reales

La Castellana

Emperador

San Nicolás

Paseo de la Isla

Avenida de la Isla

Sta. Águeda

Catedral Arco
de Sta. María

Avenida del
Generalísimo

Plaza
Castilla

Calle de la Merced

Paseo
Empe-
cinado

Bf
Estación

Tourismus-
büro

San
Lesmes

Calle de San Francisco

Calle de los Reyes Católicos

Avenida de los Reyes Católicos

Calle
Gonzalez
Crespo

Calle
Puebla

Calle
San Juan

Paseo del Espolón

Museum
Sta. María

Paseo
A.Manjon

Miraflores

Plaza
Caballería

M Casa Miranda

Estación de
Autobuses
(Busbahnhof)

Calle del Carmen

Madrid

N

**Info**

Eines der besten Beispiele profaner Architektur in Burgos ist die **Casa del Cordón**. Der zwischen 1482 und 1492 entstandene Satdtpalast verdankt seinen Namen dem steinernen Kordon, der die Gürtelschnur der Franziskanermönche darstellt und das Portal einrahmt. Burgos' gepflegte Flaniermeile am Rio Arlanzón - der **Paseo del Espolón** - bietet eine malerische Kulisse für einen kleinen Stadtbummel.

**Museen:** Das Archäologische Provinzmuseum ist in der Casa de Miranda (1545), mit sehr schönem Innenhof und Renaissancetreppe, untergebracht. In dreißig Sälen sind zahlreiche prähistorische und bis in die heutige Zeit reichende kunstgeschichtliche Exponate ausgestellt. (geschlossen: Fei, Mo, Sa und So nachmittags). Im Museo Marceliano Santa María, in einem alten Hospital neben der San Lesmes-Kirche, sind impressionistische Gemälde von Marceliano Santa María (1866-1952), einem Sohn der Stadt, zu bewundern.

**Feste:** Zu Ehren der Heiligen Peter und Paul (29. Juni) finden in Burgos mehrtägige Feste und Märkte statt. Stierkämpfe, Umzüge und Folkloredarbietungen bereichern das Festprogramm.

**Umgebung:** Neben den zahlreichen in Burgos dominierenden, gotischen Bauwerken bietet das im isabellinischen Stil errichtete **Kartäuserkloster Miraflores** etwas Abwechslung. Die ehemalige Palastanlage (14. Jh.) wurde Mitte des 15. Jahrhunderts zur Kartause umgebaut. Sehenswert ist das Renaissancechorgestühl, das hölzerne Retabel, überzogen mit dem angeblich ersten aus Amerika stammenden Gold, sowie die achteckige, sternenförmige Grabtumba, die Isabella die Katholische für ihre Eltern und ihren Bruder stiftete (etwa 4 km vom Stadtzentrum gelegen und über die Avenida Conde Vallellano zu erreichen. Öffnungszeiten: 10.15 -15 h u. 16 - 18 h, außer So vormittags)

Das **Kloster Las Huelgas Reales**, einst ein Lustschloß der kastilischen Könige, wurde 1187 von Alphons VIII. zu einem Zistersienserinnenkloster umgebaut. Es nahm Töchter aus den vornehmsten Adelsfamilien auf und erhielt dadurch Schenkungen, die ihm Reichtum und Einfluß einbrachten. Es besitzt eine in der Welt einzigartige Sammlung kostbarer mittelalterlicher Gewebe (ca. 2 km vom Arco de Santa María, am rechten Flußufer abwärts bis zur Puente Malatos, dann auf die andere Flußseite wechseln, am Militärhospital vorbei und dann links. Öffnungszeiten: 11-14 h u. 16-18 h, So nur vormittags). Einen knappen Kilometer nordwestlich des Klosters liegt das **Hospital del Rey**. Alphons VIII. ließ es zeitgleich mit dem Kloster Las Huelgas bauen, um Arme und Jakobspilger zu beherbergen. Auffallend ist das platereske Portal, Puerta de Romeros.

Wir verlassen die Stadt auf der Ausfallstraße Richtung León, dem Paseo de la Isla (an der Flußpromenade entlang und den Arlanzón auf der Malatos-Brücke überqueren) und beginnen bei der Eisenbahnbrücke unsere Kilometerzählung. Auf der N-120 erreichen wir nach 2,7 km den Vorort Villalbilla und folgen 1,2 km weiter rechts der N-120.

Wir bahnen uns den Weg über einige langgezogene Steigungen durch die wüstenhafte, von Tafelbergen durchzogene kastilische Landschaft, über die Dörfer Tardajos, Las Quintanillas und Villanueva de Argaño. Gute 4,5 km hinter Villanueva zweigen wir links von der Nationalstraße auf die kaum befahrene Nebenstraße Richtung Yudego BU-V-4048 ab. Im Ort halten wir uns bergab über den Dorfplatz und rollen fast mühelos bis Villandiego. Am Ortende fahren wir bei dem Steinkreuz scharf links bergauf Richtung Iglesias/Castrojeriz. Der Anstieg bringt uns auf ein beeindruckendes Hochplateau. Der Blick wandert bis zum Horizont, bleibt nur manchmal an Steinhäufen oder kleinen bauchigen Baumgruppen hängen. An einem einsam stehenden alten Steinkreuz schlagen wir rechts den Weg nach Castrojeriz ein. Für einen kurzen Augenblick tauchen unvermittelt  ferne Bergketten auf. Vorbei an Castellanos de Castro erreichen wir den Abzweig zu unserem Tagesziel Hontanas (es gibt hier übrigens ein kleines Freibad am Dorfrand).

## Wegbeschreibung Camino:

Vom Kloster aus halten wir uns rechts und gelangen nach 200 m an eine Weggabel. Wir wählen den mittleren Weg der uns durch Steineichen und Pinien führt. Nach ca. 2,5 km gelangen wir ins offene Land. Vor uns liegen die Dörfer Agés und Atapuerca. Auf einer steinigen Abfahrt gelangen wir durch Agés und folgen einer schmalen Asphaltstraße nach Atapuerca. Im Ort zweigt ca 500 m nach links ein Schotterweg ab. Wir erklimmen die Sierra de Atapuerca, die uns einen letzten Blick auf die Oca-Berge gewährt. Oben angekommen treffen wir auf ein großes Wegkreuz und halten uns geradeaus, entlang dem Drahtzaun. Auf einem steinigen Weg geht es steil bergab. Wir nehmen den linken Steinweg und sehen rechts ein Kieswerk und Sendemasten. Burgos schon vor Augen, geht es weitere 500 m talabwärts links nach Villalval. Wir kommen auf einer kleiner Landstraße nach Cardeñuela Riopico und Orbaneja-R. Wir kreuzen die Bahnlinie und treffen in Villafría auf die N-1, der wir Richtung Burgos folgen.

An einer Tankstelle leiten uns die Pfeile rechts in die Calle Glorietta Logroño und weiter über die Calle Fernandes und die Calle de los Calzadas zur Kirche San Lesmes. (Achtung! Wir folgen nicht dem Pilgerweg in die Calle San Juan. Dieser führt später über zahlreiche Stufen zur Kathedrale!). Wir biegen links in die Calle San Lesmes und dann rechts in die Calle Vitoria. Sie bringt uns über den platanengesäumten Paseo del Espolón,durch das eindrucksvolle Stadttor, Arco de Santa María, auf den Platz vor der Kathedrale.

**Burgos:** s. S. 69

Wir verlassen Burgos auf der Ausfallstraße Richtung León, dem Paseo de la Isla (an der Flußpromenade entlang und den Arlanzón auf der Malatos-Brücke überqueren) und beginnen bei der Eisenbahnbrücke unsere Kilometerzählung.

700 m nach der Eisenbahnbrücke folgen wir rechts einer Teerstraße, die bald in eine breite Lehmpiste übergeht und uns durch Pappeln und Nutzgärten zu einem Bahnübergang bei Villabilla de Burgos bringt. Wir atmen tief durch, zücken unser Hundeabwehrspray und halten

uns rechts, vorbei an wild bellenden Hunden. (Und wahrlich ich sage Euch, fürchtet Euch nicht! Die Kette reißt die Bestien zurück, noch ehe sie uns zerfleischen können!).

Wir fahren rechts über eine Brücke und sofort wieder links und gelangen auf einen lehmigen Feldweg zum Viaducto Rio Arlazón. Ein Kiesweg führt uns unter dem Viadukt durch, über eine alte Flussbrücke und bald wieder links der N-120 weiter. Wir biegen links ins Dorf Tardajos, dort rechts in die Calle Real (die Pfeile geradeaus führen zum Refugio) und folgen wieder den Markierungen zum Ortsende, fahren dann links auf einen asphaltierten Weg durch das kleine Urbel-Tal bis Rabé de las Calzadas. Am Ortsausgang radeln wir auf einem sanft ansteigenden Weg durch Tafelberge und bewirtschaftetes Land zur Cuesta de Matamulas bergab ins Tal des Rio Hormazuelas.

Wir kreuzen die Landstraße von Villanueva nach Estepar, kommen nach Hornillos del Camino und durchqueren den Ort auf der Dorfstraße (die Pfeile führen zum Refugio). Weiter geht es auf einem Flurbereinigungsweg, dann links auf einen Pfad, an einer Weggabel rechts und links an einem Steinhaufen vorbei, stets leicht bergauf.

An dem Hinweisschild zum Refugio und zur Quelle von Sambol fahren wir geradeaus, überqueren dann die Landstraße von Olmillos de Sasamón nach Iglesias. Der Weg verläuft durch Getreidefelder und Weideflächen und führt bald steil bergab nach Hontanas. Geschafft!

Ruinenbogen
des unterge-
gangenen
San Antón

**6**

# Hontanas - Castrojeriz - Frómista - Carrión de los Condes

Noch lange läßt uns Kastilien mit seiner schier unendlichen Weite nicht los. Das Bauernleben muß hart sein hier; nur mühevoll läßt sich der Erde ein Ertrag abringen. Einzig der Pisuerga mit seinen künstlichen Wasseradern zaubert eine grüne Oase in das sommerdürre Ödland.

**Alternativroute**: Auf ruhigen Nebenstraßen radelt man durch die weitgehend ebene Landschaft Kastiliens. Die wenigen Steigungen sind harmlos und nicht der Rede wert. Das letzte Stück zwischen Frómista und Carrión de los Condes fährt man leider auf/an der langweiligen, weil schnurgeraden C-980 (der Verkehr hält sich in Grenzen). Direkt neben der Landstraße verläuft ein neuangelegter, gekiester Fuß- und Radweg.

**Camino**: Der Camino verläuft auf einer schmalen Spur zwischen Hontanas und den Ruinen von San Antón rechts neben der ruhigen Landstraße nach Castrojeriz. Von San Antón bis Castrojeriz decken sich Camino und Alternativroute. Man nimmt deshalb besser gleich die Landstraße. Hinter Castrojeriz erwartet uns der Berghang von Mostelares. Er ist nur für hartgesottene und leicht bepackte Radfahrer problemlos zu bewältigen. Vom Pisuerga-Becken, jenseits des Mostelares bis Frómista meistens breite und etwas holprige Lehmwege. Ab Frómista verläuft der Camino an der Landstraße (siehe Alternativroute).

 **Castrojeriz:** Gemeindeherberge mit Garten und schöner Aussicht, ohne Küche (32 Pl.) - zweite neuere Herberge ohne Küche (18 Pl.+), nähe Plaza Mayor; **Itero de la Vega:** kleine Gemeindeherberge bei der Kirche (15 Pl.); **Boadilla:** En el Camino, sehr schöne und gut ausgestattete private Herberge, keine Küche dafür Restaurant (48 Pl.) - sehr einfache, kleine Gemeindeherberge (12 Pl.); **Frómista:** Herberge ohne Küche aber mit Frühstück (55 Pl.); **Población:** Gemeindeherberge (22 Pl.); **Villalcázar:** Herberge in der „Casa de Peregrino (15 Pl.); **Carrión de los Condes:** Herberge mit schönem Innenhof im Convento Santa Clara am Ortseingang, mit Küche (30 Pl.) – Herberge bei der Pfarrkirche Santa María del Camino, ohne Küche (54 Pl.)

 **Castrojeriz:** **Hotel La Cachava, Calle Real, 93-95, Tel. (947) 37 85 47; Pension La Casa de los Holandeses, Calle Real de Oriente, 36, Tel. (947) 37 76 08; Pension La Taberna, Calle Real de Oriente, 43, Tel. (947) 37 76 10; **Fromista:** *Hotel San Martín, Plaza San Martín, 7, Tel. (979) 81 00 00; Pension Casa

San Telmo, Calle Martín Veña, 8, Tel. (979) 81 10 28;
**Villalcazár de Sirga:** *Hostal Infanta Doña Lenor, Codes de Toreno, 1, Tel. (979) 88 81 64; Pension Casa Aurera, Calle la Ronda, 1, Tel. (979) 88 81 63; **Carrión de los Condes:** ***Hotel Real Monasterio San Zoilo, Obispo Souto, s/n, Tel. (979) 88 00 50; *Hostal La Corte, Santa María, 34, Tel. (979) 88 01 38; *Hostal Santiago, Plaza de los Regentes, 8, Tel. (979) 88 10 52

 **Castrojeriz:** Camino de Santiago, Tel. (947) 37 72 55; Carrión de los Condes: El Edén, Tel. (979) 88 11 52

 **Frómista:** Casa de Aza, Las Damas, 1; **Carrión de los Condes:** Talleres Juanito, Plaza las Cercas, 1

 **Frómista:** Architecto Anibal s/n, Tel. (979) 81 01 80
**Carrión de los Condes:** Oficina de Turismo, Santa María s/n, Tel. (979) 88 03 94

 **Frómista** liegt an der Bahnlinie Palencia - Santander

 **Alternativroute:** San Antón 5,5 km - Castrojeriz 7,8 km - Castrillo de Matajudios 13,1 km - Boadilla del Camino 29,4 km - Frómista 35,3 km - Población de Campos 38,5 km - Revenga de Campos 42 km - Villarmentero de Campos 44,3 km - Villalcázar de Sirga 48,5 km - Carrión de los Condes 54,2 km

**Camino:** San Antón 5,7 km - Castrojeriz 8 km - Anhöhe von Mostelares 13,2 km - Itero de la Vega 20,6 km - Boadilla del Camino 29,2 km - Frómista 35,1 km - Población de Campos 38,3 km - Revenga de Campos 41,8 km - Villarmentero de Campos 44,1 km - Villalcázar de Sirga 48,3 km - Carrión de los Condes 53,8 km

## Wegbeschreibung Alternativroute:
Wir machen uns vom Refugio zur malerischen Allee nach Castrojeriz auf. Nach etwa 5,5 km führt die Straße durch die Ruinen von San Antón.

 Viel ist nicht mehr übriggeblieben von dem einst so namhaften Kloster und Hospiz **San Antón**. Nur noch aufgeborstene Kirchengewölbe und der doppelte gotische Spitzbogen über der Straße lassen erahnen, wie großartig der Bau einst gewesen

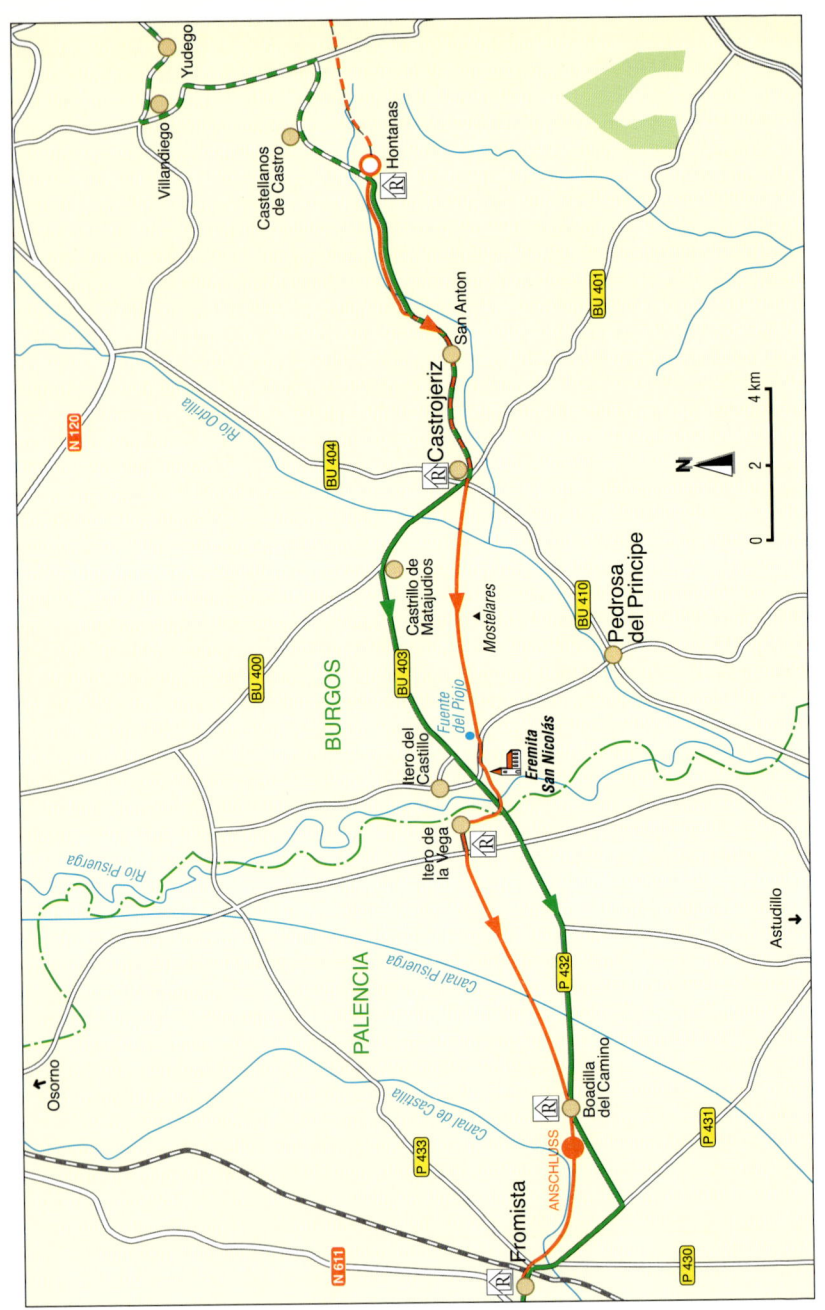

Villadiego
Yudego
Castellanos
de Castro
Hontanas
San Anton
BU 401
Río Odrilla
N 120
BU 404
Castrojeriz
BU 403
Castrillo de
Matajudios
Mostelares
Pedrosa
del Principe
BU 410
BU 400
BURGOS
Fuente
del Piojo
Itero del
Castillo
Eremita
San Nicolás
Río Pisuerga
Itero de
la Vega
Astudillo
PALENCIA
Canal Pisuerga
Canal de Castilla
Osorno
P 432
Boadilla
del Camino
ANSCHLUSS
P 433
P 431
Fromista
N 611
P 430

N

0    2    4 km

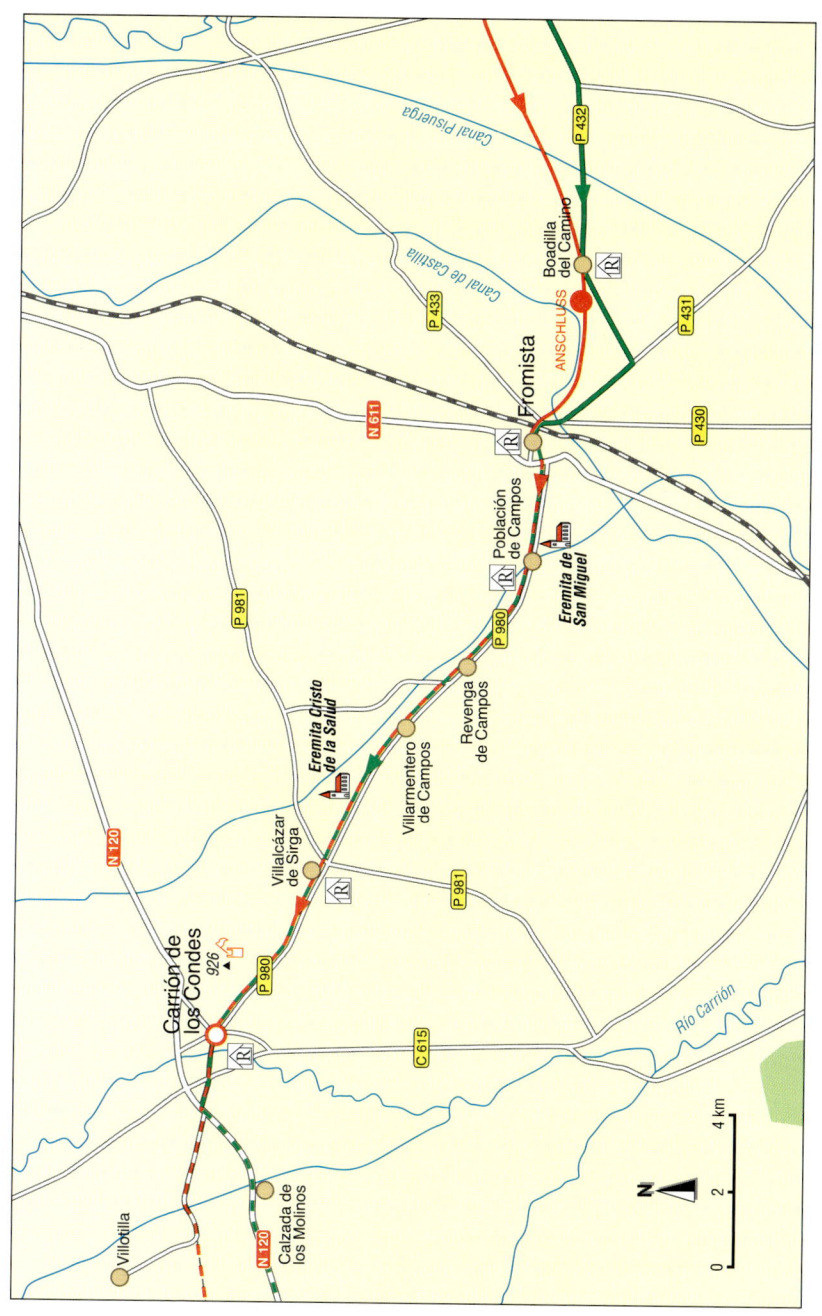

Canal Pisuerga

P 432

Boadilla
del Camino

ANSCHLUSS

P 431

P 433

Canal de Castilla

Frómista

N 611

P 430

Población
de Campos

Eremita de
San Miguel

P 980

P 981

Revenga
de Campos

Eremita Cristo
de la Salud

Villarmentero
de Campos

Villalcázar
de Sirga

P 981

N 120

Carrión de
los Condes

926

P 980

C 615

Río Carrión

N

0    2    4 km

Villodilla

Calzada de
los Molinos

N 120

79

sein muß. Der Ruf des Antonierordens rührte von der Fähigkeit her, das Antonius-feuer zu heilen. Diese Krankheit, die, verursacht durch Getreidepilze, schmerzhaf-te Verkrüppelungen zur Folge hatte, geißelte während des 10. und 11. Jahrhun-derts Europa.

Voraus zeigt sich ein stumpfer Bergkegel mit den Resten eines Kastell und an seinem Fuß Castrojeriz. An einem malerischen Wegkreuz zweigt der Weg rechts in den Ort ab.

**Info**

**Castrojeriz**, das der Servitenmönch Kuenig von Vach einst unbeschwert in "Castel Fritz" umgedeutscht hatte, wurde mindestens schon in der West-gotenzeit gegründet. Sein Name leitet sich von "Castrum Sigerici"("„Burg des Königs Sigerich", eines Westgotenherrschers, der um 415 regiert hat) ab. Im 9. und 10. Jahrhundert war es ein Schauplatz ständiger Schlachten zwischen Christen und Sarazenen. Heute hingegen wirkt der Ort etwas ver-schlafen und nur noch die **Stiftskirche Virgen del Manzano** (13. u. 18. Jh.) mit der von Alphons X. dem Weisen besungenen Statue ihrer Namens-patronin und die wehrhafte **Kirche San Juan** (15. Jh.) zeugen von der frühe-ren Größe des Ortes.

Wir folgen den Pfeilen vorbei an der Stiftskirche Virgen del Manzano und der San Juan-Kirche durch den Ort, halten uns, wo der Camino rechts abzweigt, links bergab und fahren rechts auf die BU-400 Rich-tung Melgar de Fernamental. Linkerhand sehen wir den sich den Mostelares hinaufschlängelnden Camino.

Nach 3 km erreichen wir Castrillo de Matajudios und biegen bei dem Steinkreuz links auf die BU-403 ab. Schnurgerade zieht die Straße sanft bergauf und bergab durch die karge Landschaft. Den Abzweig nach Itero del Castillo lassen wir rechts liegen, überqueren nahe der Eremita San Nicolas den Pisuerga auf der Brücke von Itero, und betre-ten die Provinz Palencia.

**Info**

Die Ruinen der **Eremita de San Nicolás** dienten im 12. Jh. einem Zisterzienserhospiz als Kirche. Die majestätische Brücke von **Itero**, ursprünglich romanisch, jedoch im Lauf der Zeit wesentlich umgestaltet, wurde von Alphons VI. gestiftet, von dessen Wirken sich ab Nájera immer wieder Zeugnisse entlang des Pilgerwegs finden.

Wir kreuzen die Landstraße von Astudillo nach Osorno. Begleitet von Bewässerungskanälen halten wir auf der P-432 nun auf Boadilla del Camino zu.

**Info**

Hinter der der **Marienkirche** von **Boadilla del Camino** aus dem 16. Jh., die ne-ben einem sehr schönen gotischen Taufbecken (14. Jh..) noch zwei bemerkens-werte Altäre besitzt, kann man die berühmte gotische **Gerichtssäule** aus dem

14. Jh. von Boadilla del Camino bewundern. Am Rollo jurisdiccional wurde Gericht abgehalten. Zur Vollstreckung des Urteils band man den Angeklagten dann an die Säule.

3,3 km hinter Boadilla zweigen wir an einer T-Kreuzung rechts auf die P-431 nach Frómista ab. Am Stadtrand von Frómista überqueren wir den mehrstufigen Kanal von Kastilien, folgen der Straße in den Ort und überqueren die Kreuzung geradeaus. (Rechts gelangt man ins Zentrum, zum Refugio und zur sehenswerten Kirche San Martin).

**Frómista**, ursprünglich eine keltische, später eine römische Siedlung, verdankt seinen Namen dem reichen Weizenanbau dieser Gegend (frumentum = Getreide). Das Prunkstück Frómistas ist die weltberühmte **Kirche San Martín**, ein Meisterwerk der Romanik. Sie wurde um 1066 von Navarras Königin Doña Mayor gestiftet, die auch die Brücke in Puente la Reina hatte erbauen lassen. Die kunstvoll abgestufte Gliederung des Baukörpers und auch der helle Stein nehmen der ehemaligen Klosterkirche die Schwere der frühen romanischen Bauten. Bemerkenswert ist auch die Perfektion der Schmuckmotive an den Kapitellen im Innenraum und der 315 phantasievoll gearbeiteten Dachsparrenköpfe der Aussenfassade.

Weiter geht es auf der Landstraße P-980 Richtung Carrión de los Condes. Nach der Brücke können wir unbehelligt von Autos und Lastwägen rechts neben der Straße auf einem Rad- und Fußweg nach Población de Campos radeln. Hier folgen wir der Markierung, die uns durch den Ort wieder zur Hauptstraße bringt. Wir überqueren den Rio Ucieza (vor der Brücke markieren Pfeile nach rechts eine zweite Variante des Camino), gelangen nach Revenga del Campos und Villarmentero de Campos. Bis Villalcázar de Sirga, eine der wenigen urkundlich belegten Siedlungen des Templerordens, sind es noch gute 4 km.

In **Villalcázar de Sirga** ist aus den glorreichen Zeiten des Templerordens noch die hochragende romanische **Kirche Santa María la Blanca** (13. Jh.) erhalten. Sie wurde in der Übergangszeit zur Gotik erbaut. Ihre monumentale Fassade ist von außergewöhnlicher bildhauerischer Vielfalt, doch auch der Innenraum birgt ein Kleinod. Die sitzende Steinstatue der Virgen Blanca (weiße Jungfrau), der Alphons X. der Weise zwölf Wunder zuschrieb. Kurios ist die Tatsache, daß mehrere Pilger, die aus Compostella zurückkehrten, ohne vom Apostel Hilfe erhalten zu haben, hier geheilt wurden.

Um in das 5,5 km entfernte Carrión de los Condes zu gelangen, fahren wir vorbei am Dorfbrunnen auf die P-980 zurück. Kurz vor Carrión bringt der Ausblick auf ferne Bergketten etwas Abwechslung in die eintönige Fahrt. Unmittelbar nach dem Ortseingang von Carrión de los Condes biegen wir links ab, kommen zur Kirche Santa María del Camino. Das Refugio, das uns für diese Nacht Unterkunft bietet, liegt gleich nebenan.

**Wegbeschreibung Camino:**

Wir machen uns vom Refugio aus zur malerisch Allee nach Castrojeriz auf. Nach etwa 5,7 km führt die Straße durch die Ruinen von San Antón. (Das kurze Stück Camino von Hontanas bis San Antón verläuft rechts neben der Teerstraße). Voraus zeigt sich ein stumpfer Bergkegel mit den Resten eines Kastells und an seinem Fuß Castrojeriz. An einem malerischen Wegkreuz zweigt der Weg rechts in den Ort ab.

**Castrojeriz:** s. S. 80

Vorbei an der Kirche San Juan verlassen wir Castrojeriz immer den Pfeilen folgend. Linkerhand zweigt ein Feldweg von der Teerstraße ab und führt uns durch die fruchtbaren Uferwiesen des Rio Ordilla. Vor uns liegt der langgestreckte Bergrücken des Mostelares. Wir überqueren den Fluß auf einer kleinen mittelalterlichen Brücke. Nur noch wenige Meter können wir das gemütliche Fahren auf einem guten Feldweg genießen, bis uns der Weg über einen steinigen, ausgewaschenen und steilen Anstieg auf den Hang des Mostelares zwingt. Doch nach ca. 1,3 km haben wir den höchsten Punkt erreicht und werden mit einem großartigen Rundblick über die weite Ackerlandschaft rund um Castrojeriz belohnt.

Wir überqueren das Plateau geradeaus und fahren auf einer kurzen aber schwierigen Abfahrt in das "Pisuerga-Becken" hinab. Auf ei-

Natur „er-fahren"

nem ebenem Weg durchqueren wir blumengesäumte Felder und erreichen die Pilgerquelle Fuente del Piojo (Läusequelle). Der Feldweg führt auf eine asphaltierte Straße, der wir rechts aufwärts folgen. Nach 800 m biegen wir links auf eine Traktorspur. Vorbei an der Einsiedelei San Nicolás überqueren wir den Pisuerga - den Grenzfluß zwischen den Provinzen Burgos und Palencia - auf der großen Brücke von Itero.

**San Nicolás:** s. S. 80

Rechts ist der Kirchturm von Itero del Castillo sichtbar. Unmittelbar nach der Brücke beginnt die Provinz Palencia. Am Grenzstein nehmen wir den Feldweg rechts und radeln auf Itero de la Vega zu (Eremita de la Piedad, 13. Jh. ). Im Ort folgen wir den Pfeilen und verlassen Itero auf einem asphaltierten Weg, der bis zur Landstraße Melgar-Osorno führt. Diese überqueren wir und folgen einem Forstweg durch Getreidefelder sanft bergauf. Bald darauf überqueren wir den Pisuerga-Kanal. Wir fahren zwischen kleinen Hügeln rechts und dem Alto del Paso Largo links Richtung Boadilla del Camino.

**Boadilla del Camino:** s. S. 80

Bevor wir die ersten Häuser erreichen, fahren wir rechts über eine kleine Brücke. Den Ort verlassen wir auf einer breiten Piste, kommen an eine Bewässerungsanlage und fahren links. Der Weg bringt uns bald an den Kanal von Kastilien, an dessen linkem Ufer es auf einer schön zu befahrenden Sandpiste bis Frómista weitergeht. An einer Staustufe überqueren wir den Kanal und kommen nun rechts bergab in das Marktstädtchen Frómista.

**Frómista:** s. S. 81

Von hier bis zu unserem Tagesziel Carrión de los Condes verläuft der Camino bedauerlicherweise an der Landstraße (siehe Alternativroute)

**Carrión de los Condes:** s. S. 82

# 7

# Carrión de los Condes - Sahagún - El Burgo Ranero

Die Etappe hinter Carrión de los Condes gehört wohl zu den härtesten der Pilgerstraße. Ein unglaublich eintöniges Gebiet breitet sich rings um uns aus. In den trockenen Sommermonaten stehen dürre Felder in lohendem Gelb gegen das makellose Blau des Himmels, und oft zieht Gegenwind erbarmungslos über das flache Land. Man denkt und fühlt nicht mehr, sondern folgt nur noch dem Rhythmus seines Körpers.

## Toureninfos

 *Alternativroute*: Eine Tagesstrecke ohne große Schwierigkeiten und doch ziemlich mühsam. Bis Sahagún schluckt uns die N-120. Man freut sich fast über die wenigen Anstiege; sie bringen etwas Abwechslung in das monotone Dahinradeln. Nach Sahagún können wir dann endlich die Hauptstraße verlassen und auf einer kleineren Teerstraße, direkt neben der Pilgerautobahn – dem Real Camino Francés – bis nach El Burgo Ranero fahren.
Der **Real Camino de Francés** (von Sahagún bis Mansilla de las Mulas) entstand 1991 dank einer Initiative des Landwirtschaftsministeriums der autonomen Regierung von Kastilien-León. Am Wegrand gepflanzte Pappeln spenden in der eintönigen und baumlosen Wüste während der heißen Mittagsstunden Schatten, und die in regelmäßigen Abständen angelegten Rastplätze laden uns auf den 32 km bis Mansilla de las Mulas zu kleinen Pausen ein.

*Camino*: Von Carrión de los Condes gelangen wir problemlos bis Santa María de Benevívere. Der unglaublich holprige Pflasterweg nach Calzadilla de la Cueza läßt einen dann von einem vollgefederten Rad träumen. Von Calzadilla bis Sahagún verläuft der Camino auf Lehm- und Wiesenwegen. Ab Sahagún geht es auf dem gepflegten Real Camino Francés nach El Burgo Ranero.

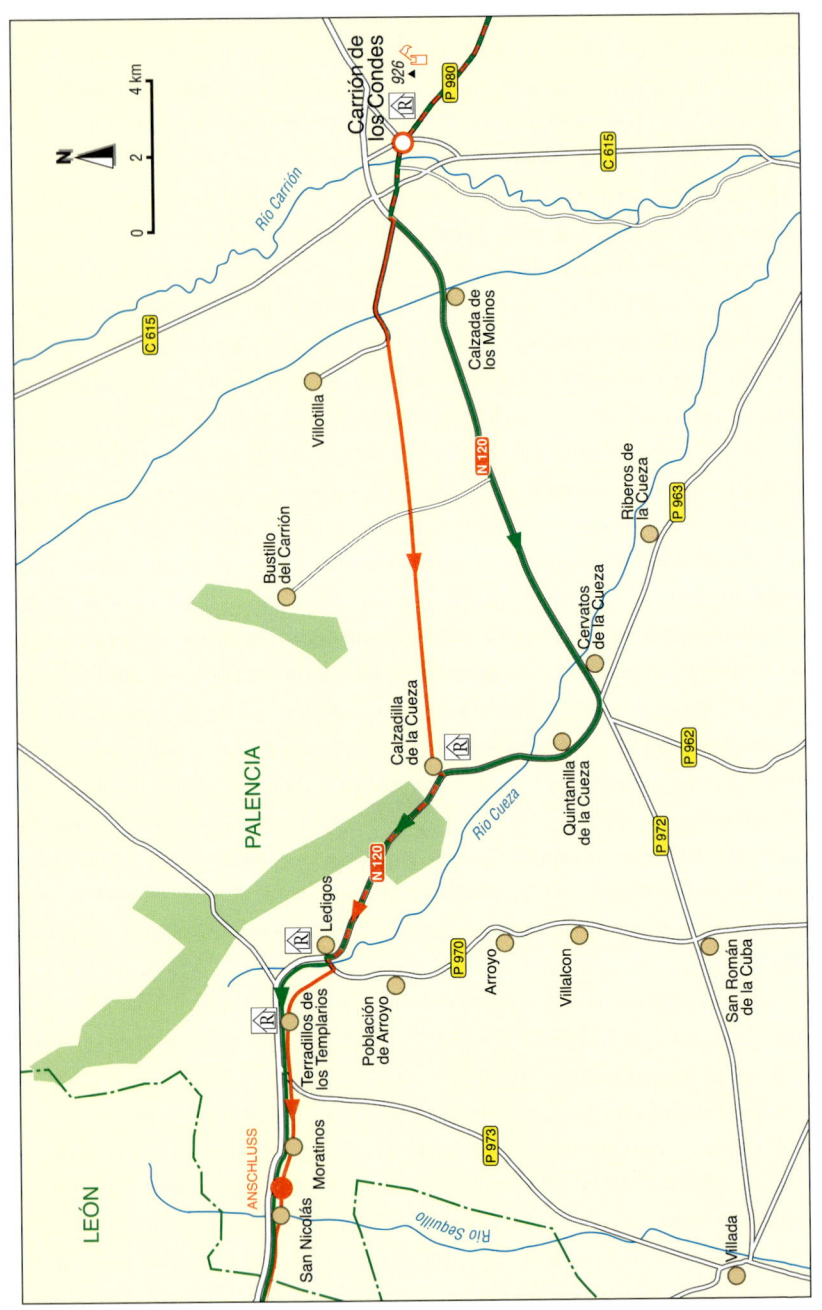

N

4 km
2
0

Carrión de
los Condes

R 926
P 980
C 615

Río Carrión

C 615

Villotilla

Calzada de
los Molinos

N 120

Bustillo
del Carrión

Riberos de
la Cueza

P 963

Cervatos
de la Cueza

PALENCIA

Calzadilla
de la Cueza

R

Río Cueza

Quintanilla
de la Cueza

P 962

P 972

N 120

Ledigos

R

R

Terradillos de
los Templarios

Población
de Arroyo

P 970

Arroyo

Villalcon

San Román
de la Cuba

P 973

ANSCHLUSS

Moratinos

San Nicolás

LEÓN

Río Sequillo

Vllada

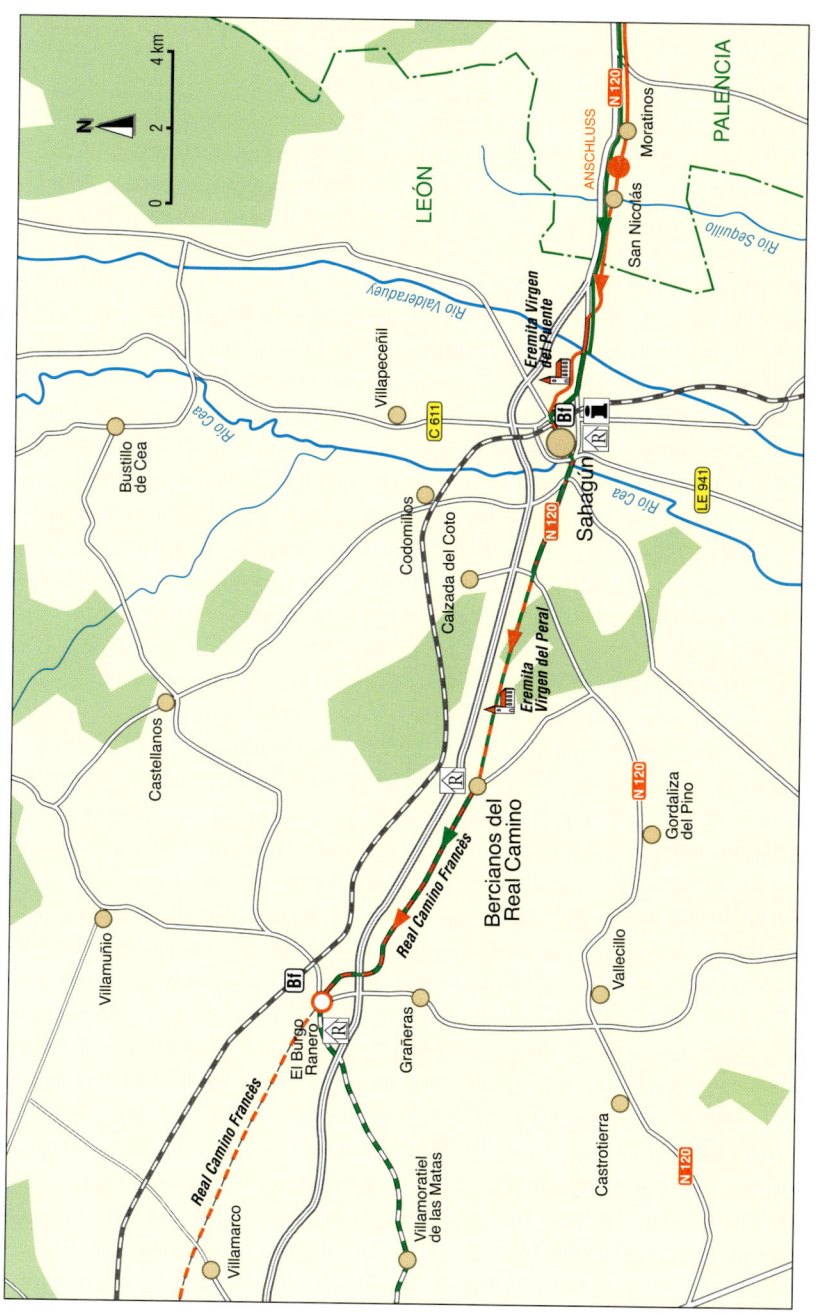

PALENGIA

LEÓN

ANSCHLUSS

N 120

Moratinos

San Nicolás

Rio Sequillo

Rio Valderaduey

Ermita Virgen
del Puente

Villapeceñil

C 611

Bf

R

Sahagún

N 120

Rio Cea

LE 941

Bustillo
de Cea

Rio Cea

Codornillos

Calzada del Coto

Ermita
Virgen del Peral

N 120

Gordaliza
del Pino

Castellanos

R

Real Camino Francés

Bercianos del
Real Camino

Vallecillo

Villamuño

Bf

R

Grañeras

Castrotierra

N 120

El Burgo
Ranero

Real Camino Francés

Villamoratiel
de las Matas

Villamarco

**Calzadilla:** große und gutausgestattete private Herberge ohne Küche (100 Pl.); **Ledigos:** private Herberge mit Küche und Bar, Camping im Garten möglich (60 Pl.); **Terradillos:** angenehmes privates Haus ohne Küche aber Verpflegungsangebot ( 55 Pl.); **Sahagún:** ungewöhnliche und gepflegte Herberge in der Dreifaltigkeitskirche mit Küche (64 Pl.+); **Bercianos:** kleine Herberge ohne Küche (16 Pl.); **El Burgo Ranero:** traditonell gebautes Haus mit Küche (36 Pl.)

 **Calzadilla:** Hotel Camino Real, Trasera Mayor, 8, Tel. (979) 88 31 87; **Sahagún:** **Hostal el Ruedo II, Plaza Mayor, 1, Tel. (987) 78 18 34; **Hostal Alfonso VI Calle Antonio Nicolás, 4, Tel. (987) 78 11 44; *Hostal Pacho, Avda. Constitución, 86, Tel. (987) 78 07 75; **El Burgo Ranero:** *Hostal El Peregrino, Calle Fray Predro de Burgo, 30, Tel. (987) 33 00 69

 **Sahagún:** Pedro Ponce, Tel. (987) 78 11 12 und (987) 78 11 21

 Deportes Redondo, Flora Flórez, Ecke Antonio Nicolás

 **Sahagún:** Calle del Arco, 87, Tel. (987) 78 21 17

 **Alternativroute:** Calzada de los Molinos 5,3 km - Cervatos de la Cueza 16,3 km - Quintanilla de la Cueza 19,11 km - Calzadilla de la Cueza 22,6 km - Ledigos 28,6 km Terradillos de Templarios 31,6 km - Moratinos 35 km - San Nicolás 37 km - Sahagún 42,8 km - Bercianos del Real Camino 54,4 km - El Burgo Raneros 61,8 km.

**Camino:** Calzadilla de la Cueza 18 km - Ledigos 24,3 km - Terradillos de Templarios 27,2 km - Moratinos 30,3 km - San Nicolás del Real Camino 33,1 km - Sahagún 40,1 km - Bercianos del Real Camino 51,5 km - El Burgo Raneros 59 km.

### Wegbeschreibung Alternativroute:

Auf unserem Weg aus Carrión de los Condes folgen wir den Pfeilen durch den Ort, überqueren den Rio Carrión und biegen, vorbei am gewaltigen Kloster San Zoilo,nach links auf die N-120 Richtung León/Sahagún ab. Entlang der N-120 reihen sich die Orte

Calzada de los Molinos, Cervatos de la Cueza, Quintanilla de la Cueza und Calzadilla de la Cueza.

Immer wieder kreuzen Seitenarme des Cueza die Landstraße, schaffen grüne Inseln. Vorbei an Ledigos, Terradillos de Templarios, Moratinos und San Nicolás del Real Camino überqueren wir die Grenzlinie zwischen den Provinzen Palencia und León, sehen rechts von uns inmitten eines Pappelwäldchens die Eremita Virgen del Puente und folgen ca. 300 m weiter nach rechts dem Abzweig nach Sahagún. Im Kreisverkehr behalten wir unsere Fahrtrichtung bei, halten uns links über eine Eisenbahnbrücke und orientieren uns an den Pfeilen durch den Ort.

In **Sahagún** erinnern nur noch ein Renaissancebogen und eine Turmruine an die zu Zeiten Alphons VI. mächtigste Cluniazenserabtei entlang des Jakobswegs. **San Facundo** war einst das Zentrum der Kirchenreform (11. Jh.), die Alphons VI. mit Hilfe der großen Benediktinerabtei Cluny (bei Burgund) vorantrieb. Nach der Säkularisierung im 19. Jh. und einem Brand, der die Abtei zerstörte, verlor Sahagún bald an Glanz und Bedeutung. Das Erlebnis, das Sahagún heute vermittelt, sind seine Backsteinkirchen Kirchen **San Tirso** (12. Jh.), **San Lorenzo** und **La Peregrina** (13. Jh.). Ebenfalls einen Besuch wert, ist das Museum der Benediktinerinnen mit seinen außergewöhnlichen Kunstwerken. Etwas außerhalb von Sahagún liegt das sagenumwobene Pappelwäldchen auf dem Prado de las lanzas de Carlomagno (Wiese der Lanzen Karls des Großen). Seine wundersame Entstehung wurde im Codex Calixtinus (12. Jh.) folgendermaßen beschrieben: "...einige Christen (Krieger Karls des Großen) rammten ihre Lanzen aufrecht in den Boden ... Bei Anbruch des nächsten Tages sahen jene, die während der unmittelbar bevorstehenden Schlacht für ihren Gottesglauben die Auszeichnung des Märtyrertods empfangen sollten, daß ihre Lanzen Rinde und dichtes Gezweig trugen. Sprachlos vor Staunen ob eines derartigen Wunders des Herrn schnitten sie diese dicht über dem Boden ab und aus den Schäften, deren Wurzeln in der Erde zurückblieben, wuchsen später die großen Wälder."

Weiter geht es wieder auf der N-120 Richtung León. Auf der soliden Puente de Canto überqueren wir den Cea, der mit seinem tief eingeschnittenen Bett die natürliche Grenzlinie der Tierra de Campos markiert. (Rechterhand liegt das legendäre Pappelwäldchen). 3,8 km nach der Brücke verlassen wir bei einer Autobahnauffahrt die N-120 und folgen dem Camino auf der parallel verlaufenden Asphaltstraße bis Bercianos del Real Camino. Wir lassen den Ort links liegen und kämpfen uns weiter entlang der Pilgermeile des Real Camino Francés zu unserem knapp 7,5 km entfernten Etappenziel El Burgo Ranero.

Am Ortseingang steuern wir auf die Kirche zu, an der wir einen Wegweiser zum Refugio finden.

**Info** Laffi: "...wir gingen in Richtung **El Burgo Ranero** ...und suchten Unterkunft, aber sie war so ärmlich, daß wir auf dem Boden schlafen mußten, denn diese hier sind alle Schafhirten, die in diesem Ort aus strohgedeckten Hütten wohnen". Wir aber bekommen nicht nur ein Dach über den Kopf, sondern auch ein Bett unter unseren müden Körper. Das den in dieser Region typischen strohgedeckten Lehmziegelbauten - den „adobes" - nachempfundene Refugio zählt zu den gelungensten am Pilgerweg.

## Wegbeschreibung Camino:

In Carrión de los Condes folgen wir stets den gelben Pfeilen, bis wir zur N-120 gelangen. Wir überqueren den Rio Carrión auf einer mittelalterlichen Steinbrücke und passieren das Kloster San Zoilo. An der Kreuzung mit der C-615 fahren wir geradeaus, kreuzen die N-120 und nehmen Asphaltsträßchen nach Villotilla (auch Carretera del Indiano, Indianerstraße genannt) und fahren durch ruhige Ackerlandschaft weiter. Nach ca. 4 km liegen rechterhand die Ruinen des traditionsreichen Augustinerkonvents Santa María de Benevívere. Der Straße folgend überqueren wir einen Bach und verlassen in einer Rechtskurve die Asphaltstraße und fahren geradeaus auf einem Pflasterweg, der uns nun bis Calzadilla de la Cueza ordentlich durchschüttelt.

**Info** Die Pflasterstraße von der 1065 gegründeten und inzwischen verfallenen **Abtei Santa María de Benevívere** bis Calzadilla de la Cueza ist ein Überrest der römischen Heerstraße **Via Traiana**, die ursprünglich von Bordeaux bis Astorga führte.

Weiter geradeaus führt uns die Route an der Quelle Fuente del Hospitalejo vorbei, auf der wir die Landstraße nach Bustillo del Páramo und nacheinander die Flüßchen Pozoamargo, Rioseco und Valdemienzo überqueren. Bald sehen wir, nach einsamen 13 km, den Kirchturm von Calzadilla de la Cueza rechts vor uns. Wir durchqueren den Ort, bis wir zur N-120 (nicht sehr stark befahren) kommen und folgen dieser gute 6 km bis Ledigos. Ab Ledigos verläuft der Camino mal rechts mal links der N-120. Erst bei der Eremita Virgen del Puente zweigen wir von der Hauptstraße ab und lassen uns von den Caminosteinen nach Sahagun hinein leiten.

Lichtspiele in der Kathedrale von León

**Sahagún:** s. S. 89

In Sahagún immer den Pfeilen nach kommen wir wieder zur N-120. Diese führt uns über die Puente de Canto. Rechts von uns sehen wir das legendäre Pappelwäldchen, ein Fußballfeld und einen Camping-platz. Bei einer Autobahnauffahrt (auf Höhe von Calzada de Coto) verlassen wir die N-120 und fahren auf dem für den Autoverkehr ge-sperrten Real Camino Francés weiter.

Als Orientierungspunkt dient uns ein neues, weißes Wegkreuz, das den Beginn dieser "Pilgerautobahn" markiert. Vorbei an im Sommer ausgetrockneten Seen und der Eremita Virgen del Perales erreichen wir nach 5,6 km Bercianos del Real Camino. Den Ort passieren wir ge-radeaus und gelangen am Ortsausgang wieder auf den Kiesweg, der uns zu unserem knapp 7,5 km entfernten Etappenziel El Burgo Ranero bringt.

**El Burgo Ranero:** s. S. 90

Am Ortseingang von El Burgo Ranero steuern wir auf die Kirche zu. Rechts durch die Gasse vor der Kirche und wieder rechts gelan-gen wir zum Refugio.

# 8

# El Burgo Ranero - León - Hospital de Órbigo

Die wunderbare Stadt León erscheint nach dem gewaltigen Weg durch die Campos geradezu wie eine Offenbarung. Alte, verwinkelte Gassen, die sich unter Arkaden verkriechen, füllen sich allabendlich mit pulsierendem Leben. Ruhe dagegen findet man in Leóns Herz, der von buntem Licht durchfluteten Kathedrale.

## Toureninfos

 **Alternativstrecke**: Die Etappe beginnt angenehm, wird zu einer unwahrscheinlichen Zerreißprobe für unsere Nerven und versöhnt uns aber zum Ende hin wieder. Von El Burgo Ranero aus folgt man bis Mansilla de las Mulas der ruhigen, parallel zu Real Camino Francés verlaufenden Teerstraße. Von Mansilla de las Mulas bis Villandangos werden wir auf der N-120 vom Ferverkehr geplagt. In Villandangos entkommt man endlich der Tortour der N-120. Eine ruhige Landstraße führt uns zum Etappenziel Hospital de Órbigo.

**Camino**: Von El Burgo Raneros bis Mansilla de las Mulas folgt man dem Real Camino Francés. Zwischen Mansilla und León verläuft der Camino auf einem wenig attraktiven Feldweg, meist nahe der vielbefahren N-120. Hinter León, in Virgen del Camino, bieten sich zwei Varianten des Fußwegs an. Wir wählen die etwas längere Route, weit ab von Lärm und Gestank, durch eine einsame Steppen- und Felderlandschaft. Bis auf die letzten 7,5 km, die einen ordentlich durchschütteln, verläuft der Weg überwiegend auf gepflegten Kieswegen oder Teerstraßen.

 **Reliegos:** Albergue Municipal mit Küche (44+); **Mansilla de las Mulas:** gemütliche Herberge mit Innenhof und guter Ausstattung (60 Pl.); **Leon:** St. Maria del Camino, Las Carbajalas, ohne Küche (160 Pl.); **Villar de Mazarife:** einfache, private Herberge in der Calle Mayor, mit kl. Küche (32 Pl.); **Villadangos del Paramo:** angenehme Unterkunft mit Küche, am Ortseingang (70 Pl.); **Hospital de Órbigo:** uriges altes Pfarrhaus mit Innenhof, nur Kaltwasser, Küche, in der Calle Mayor (70 Pl.) und am Ufer des Orbigo in der Casa Vega (36 Pl.)

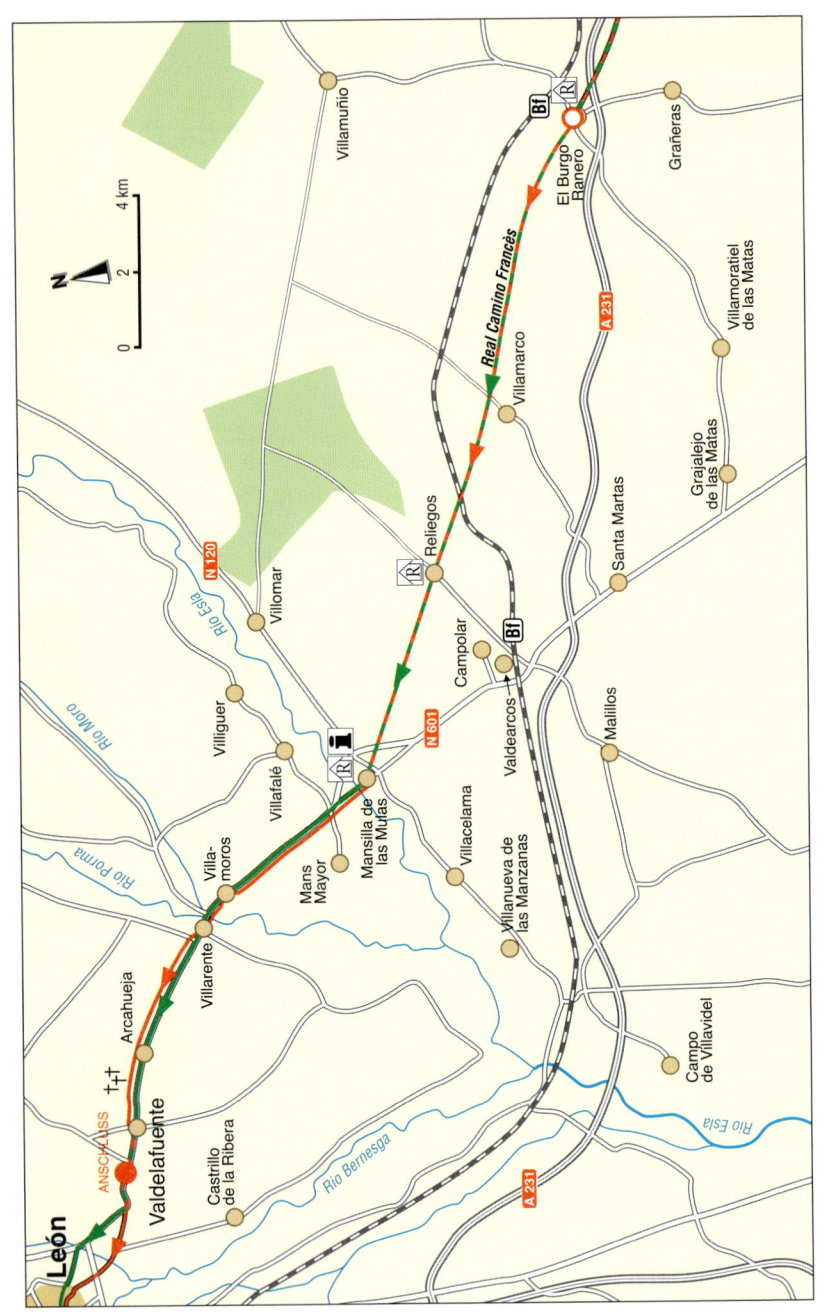

León

Valdelafuente

ANSCH./USS

Arcahueja

Villarente

Castrillo
de la Ribera

Villa-
moros

Mans
Mayor

Villafalé

Villiguer

Villomar

Villamuñio

Mansilla de
las Mulas

Villacelama

Villanueva de
las Manzanas

Reliegos

Campolar

Valdearcos

Villamarco

Santa Martas

Malillos

Villamarco

El Burgo
Ranero

Villamoratiel
de las Matas

Grajalejo
de las Matas

Grañeras

Campo
de Villavidel

Real Camino Francés

Río Esla

Río Moro

Río Porma

Río Bernesga

Río Esla

N 120

N 601

A 231

A 231

Bf

Bf

N

0 2 4 km

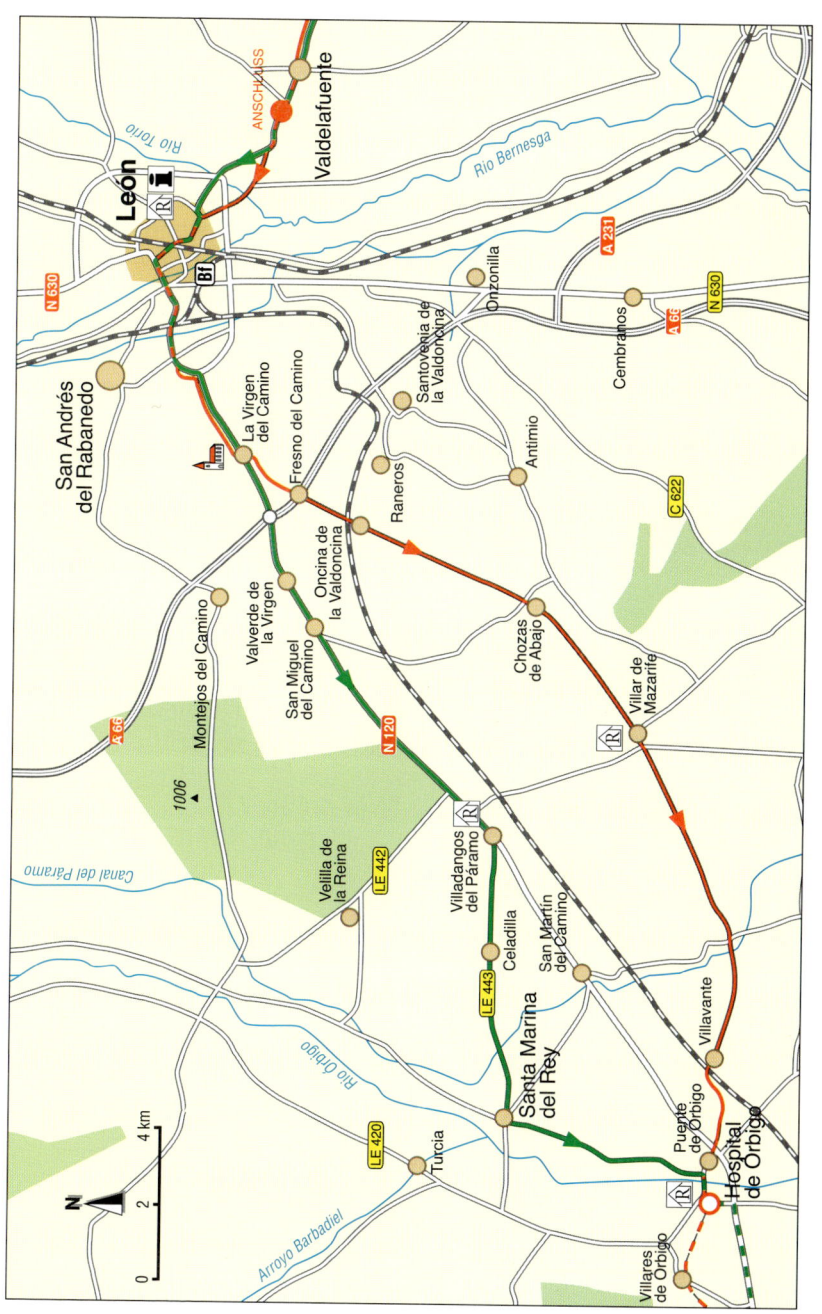

ANSCH4ÜSS

Río Torío

Valdelafuente

Río Bernesga

León

N 630

A 231

N 630

Bf

Onzonilla

A 66

San Andrés
del Rabanedo

Santovenia de
la Valdoncina

Cembranos

La Virgen
del Camino

Fresno del Camino

Antimio

Raneros

C 622

Oncina de
la Valdoncina

Valverde de
la Virgen

Chozas
de Abajo

Villar de
Mazarife

San Miguel
del Camino

Montejos del Camino

A 66

N 120

1006 ▲

Canal del Páramo

Velilla
de la Reina

LE 442

Villadangos
del Páramo

San Martín
del Camino

Celadilla

LE 443

Villavante

Santa Marina
del Rey

Río Órbigo

LE 420

Turcia

Puente
de Órbigo

Hospital
de Órbigo

Arroyo Barbadiel

Villares
de Órbigo

N

4 km

2

0

95

**Mansilla de las Mulas:** ***Hotel Bahillo, Ctra. De Cistierna, Tel. (987) 31 19 10; **Hostal Alberghuería del Camino, C. Concepción, 12, Tel. (987) 31 11 93; *Hostal San Plartin, Avda. Picos de Europa, 32, Tel. (987) 31 00 94; **Arcahueja:** ***Hotel Camino Real Ctra. Madrid N 601, Tel. (987) 21 81 34; **León:** ***** Hotel Parador San Marcos, Plaza San Marcos, Tel. (987) 23 73 00, **** Hotel Conde Luna, Indepencia, 7, Tel. (987) 20 66 00; *** Hotel Paris, C. Ancha, 18, Tel. (987) 23 86 00; ** Hostal Fernando I, Carretera de los Cubos, 32, Tel. (987) 22 07 31; * Hostal San Martin, Plaza Torres de Omaña, 1, Tel. (987) 87 51 87; Pension Blanca, C.Villafranca, 2, Tel. (987) 25 19 91; **Villadangos del Paramo:** ** Hostal Avenida II+III, Ctr. Leon-Astorga, Tel. (987) 39 00 81; ** Hostal Alto Paramo, Ctra. Leon.Astorga, Tel. (987) 39 04 25; **Santa Marina del Rey:** ** Hostal Victoria, Ctr. Orbigo, 1, Tel. (987) 37 70 11; **Hospital de Orbigo:** ** Hostal Don Suero de Quiñones, Alvarez Vega, Tel. (987) 38 82 38; ** Hostal Paso Honroso, Carretera N-120, Tel. (987) 36 10 10

**Mansilla de las Mulas:** Esla, Fuente de los Prados, Tel. (987) 31 00 89; **Villadangos de Paramo:** Camino de Santiago, am Ortsende an der N-120, Tel. (987) 68 02 53; **Hospital de Órbigo:** Don Suero de Quiñones, Tel. (987) 36 10 18

**Mansilla de las Mulas:** Calle de Mesones, 27; **León:** Bicicletas Almacenes Roma 40, Avda. Roma, 22, Tel. (987) 22 22 42

**Mansilla de las Mulas:** C. Los Mesones, 16, Tel. (987) 31 01 38; **León:** Plaza de la Regla, 3, Tel. (987) 23 70 82

**León:** Bahnhof: Avda. Astorga, 11, Tel. (902) 24 02 02; Busbahnhof: Paseo Sáenz de Miera, Tel. (987) 21 10 00

**Alternativroute:** Villamoratiel de las Matas 7,6 km - Grajalejo de las Matas 11,3 km - Santas Martas 15,5 km - Valdearcos 19,5 km - Mansilla de las Mulas 24 km - Villamoros 28,9 km - Puente Villarente 30,9 km - León 41,1 km - Virgen del Camino 51,8 km - San Miguel del Camino 57,6 km - Villandangos del Páramo 65,4 km - Celadilla 68,3 km - Santa Marina del Rey

72,9 km - Villamor de Órbigo 76,6 km - Puente de Órbigo 79,1 km - Hospital de Órbigo 79,7 km.

**Camino:** Reliegos 13,0 km - Mansilla de las Mulas 18,8 km - Villamoros 23,3 km - Villarente 25,4 km - Arcahueja 29,9 km - Valdelafuente 32,4 km - León 35,6 km - Virgen del Camino 45,9 km - Fresno del Camino 48,2 km - Oncina de la Valdonina 50,3 km - Chozas de Abajo 55,7 km - Villar de Mazarife 60,6 km - Villavante 70,9 km - Puente de Órbigo 75,1 km - Hospital de Órbigo 76,1 km.

## Wegbeschreibung Alternativroute:

Vom Refugio aus halten wir uns rechts und fahren nach 200 m wieder rechts auf eine Asphaltstraße die nun immer neben dem Camino Francés verläuft. Die nächsten 9 km folgen wir dem schnurgeraden Weg bis der Asphalt endet. Auf einer Schotterpiste überqueren wir die Eisenbahnlinie und setzen kurz darauf unsere Fahrt auf Teer wieder fort. Wir durchfahren Reliegos und erreichen nach weiteren 4 km Mansilla de las Mulas.

> **Info**
>
> Der Name **Mansilla de las Mulas** (las Mulas - die Maulesel) ist auf die lange Viehmarkttradition des Ortes zurückzuführen. Bis vor wenigen Jahren versammelten sich hier Viehzüchter aus den Leoneser Bergen und die Bauern der Tierra de Campos. Architektonisch bietet die Stadt heute nur noch eine Besonderheit. Die fast vollständig erhaltene gewaltige **Festungsmauer** (12. Jh.).

Wir verlassen Mansilla über die mächtige Steinbrücke des Rio Esla und folgen der N-601 nach links. Begleitet von Fernverkehr kommen wir durch die unschönen Orte Villamoros de Mansilla, Villarente, Arcahueja und Valdelafuente. Am Stadtrand von León fahren wir über den Kreisverkehr (Richtung Centro de Ciudad). Am Plaza Santa Ana weisen Pfeile in eine Einbahnstraße, wir fahren geradeaus in die Calle Alcade Miguel Castaño, dann rechts in die Avenida Indepencia (Wegweiser zur Catedrale), am Plaza Santo Domingo dann rechts durch die Fußgängerzone zur Kathedrale.

> **Info**
>
> Die Königsstadt **León** existierte bereits in der iberischen Zeit. Der römische Kaiser Galba ließ 68 n. Chr. ein Truppenlager einrichten - die Legio VII Gemina. Daher leitet sich auch der heutige Name Leóns ab (legio = Legion). Die römische Garnison war rechteckig angelegt und maß 550 mal 380 Meter (Teile ihrer gewaltigen Mauern kann man heute noch abwandern). In ihrem Umfeld ließen sich Zivilisten und die Familien der Soldaten nieder. Fast 500 Jahre hielten sich die Römer, bis 540 die Westgoten die Stadt eroberten. Im 8. Jahrhundert nimmt Muza auf sei-

nem Feldzug durch den Norden die Stadt ein, verliert sie aber bereits 25 Jahre später an König Alphons I. Ordoño II. macht León 914 zur Hauptstadt des Königreichs Asturien-León. Im Jahre 988 läßt sie Almansor dem Erdboden gleichmachen, Alphons V. baut sie wieder auf. 200 Jahre lang ist León dann die bedeutendste Stadt des christlichen Spaniens, bis sie nach der endgültigen Vereinigung der Königreiche Kastilien und León im 13. Jahrhundert ihren Rang als Hauptstadt verliert.

Trotz seiner Lage am Jakobsweg gab es in León niemals ein so buntes Völkergemisch wie in Burgos. Vielleicht ist diese Stadt deshalb spanischer geblieben als andere. Am deutlichsten wird dies in den Gassen der **Altstadt** zwischen der Plaza Mayor (mit dem Rathaus, 17. Jh.) und der Calle de la Rúa, in denen sich gegen Abend alles Leben konzentriert. Wegen der zahlreichen Bars rund um die Plaza San Martín nennt man diesen Stadtteil auch Barrio Húmedo - das "Feuchte Viertel". Das Geschäftsleben spielt sich dagegen in der gepflegten Fußgängerzone rund um die Kathedrale ab.

**Sehenswertes in León:** Die **Kathedrale Santa María de la Regla** ist ein Meisterwerk der spanisch-französischen Gotik. Ihr Bau wurde um 1205 begonnen und im Verlauf des 14. Jahrhunderts weitgehend beendet. Jedoch mußten aufgrund ihrer komplizierten Statik bis heute immer wieder Reparaturen und Ergänzungen vorgenommen werden. Sie erhebt sich an der Stelle, auf der nacheinander die römischen Thermen, der Palast Ordoños II. und die romanische Kathedrale standen. Die Kirche aus gelbem Sandstein hat den Grundriß eines lateinischen Kreuzes mit drei Längsschiffen und einem dreigeteilten Querschiff. Den imponierendsten Eindruck bietet die grandiose Westfassade, flankiert von zwei mächtigen Türmen. Und obwohl der Baumeister Enrique später an der Kathedrale von Burgos arbeitete, lassen sich zwischen den Bauwerken entscheidende Unterschiede erkennen. So wirkt dieses Gotteshaus wie eine Symphonie aus Licht und Stein. Tritt man ein, wird man von Licht der großen Buntglasfenster geradezu überwältigt. Etwa 1800 qm kunstvoll bemalter Glasscheiben füllen 125 teils 12 m hohe Fenster, 57 Öffnungen und Rosen sowie drei riesige Rosetten. Sie sind das Charakteristischte an diesem stattlichen Gebäude, das nicht umsonst als die "Pulchra Leonina" - die Reine - bekannt ist.

Am Anfang der Calle El Cid, steht der **Palacio de Los Guzmanes** (16. Jh.). Er gehört zu den elegantesten Bürgerhäusern der Stadt und besitzt einen beachtlichen platteresken Patio. Gegenüber hat der geniale zeitgenössische Architekt Antonio Gaudí mit der **Casa de Botine** (Ende 19. Jh.) eines seiner sehr eigenwilligen Werke geschaffen. Folgt man der Calle El Cid weiter, gelangt man zu einem weiteren großen Kunstwerk am Jakobsweg, die **Real Basílica de San Isidoro**. Ihr Bau wurde 1063 von Doña Sancha und ihrem Gatten Ferdinand I. veranlaßt, um die Reliquien des Hl. Isidoro, des Bischofs von Sevilla aufzunehmen. Die Arbeiten für den heutigen Bau dauerten bis ins 12. Jahrhundert. Besonders schön sind die schlichten, der Plaza San Isidoro zugewandten romanischen Portale. Im Inneren der Kirche befindet sich die **Königsgruft** (Eingang Museum, Besichtigung nur mit Führung möglich). Dieses Pantheon schmückt ein Kreuz-

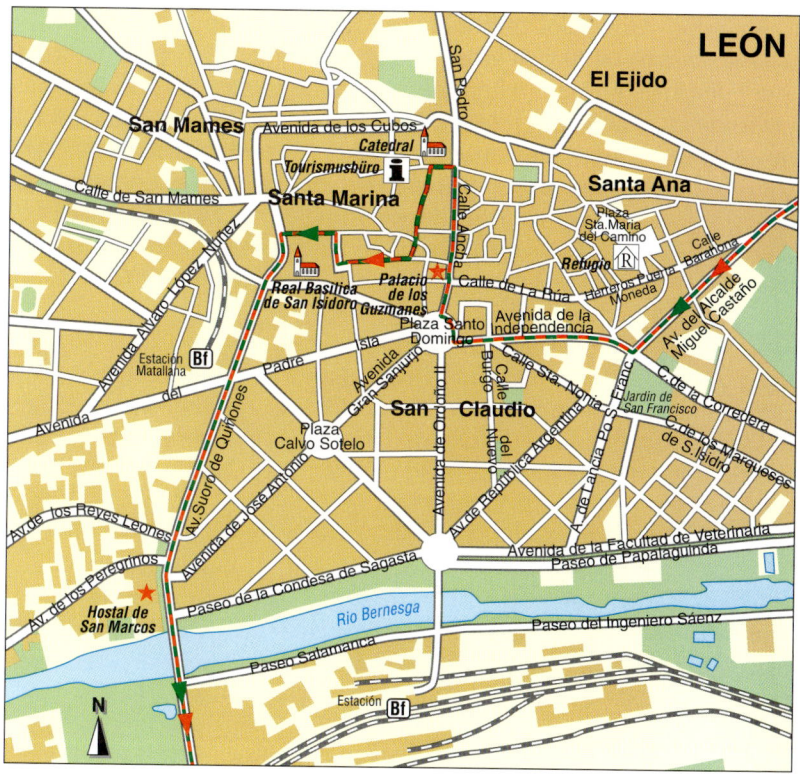

Info

gratgewölbe mit Säulenkapitellen. Beeindruckend sind die prachtvollen Wandmalereien, die ihm den Beinamen „Sixtinische Kapelle der spanischen Romanik" verschafft haben. Sie entstanden 1157-88 und sind fast vollständig erhalten. Vom Pantheon aus kann man auch den Kreuzgang und die Bibliothek besichtigen. Sie birgt einen der wertvollsten Kunstschätze Europas, die mit Miniaturmalerei ausgeschmückte Bibel des Hl. Martin aus dem Jahre 960.

Etwas außerhalb, am Nordwestrand der Stadt am Rio Bernesga, findet man das ehemalige **Kloster San Marcos**, heute ein Luxushotel, früher, im 12. Jahrhundert das Stammhaus des Santiago-Ordens. Im 16. Jahrhundert wurde dann der heutige Bau errichtet. Am Gesamtkomplex wurde allerdings noch bis 1716 gebaut. An dem äußerst repräsentativen Bauwerk fällt die monumentale, 100 m lange, platereske Fassade ins Auge, ein hervorragendes Beispiel der spanischen Renaissance. Im Ostflügel ist die unvollendet gebliebene Kathedrale integriert.

Adios León! Über die Puente de San Marcos (beim Hostal San Marcos) kommen wir zur Avenida Quevedo (immer Richtung Astorga). Stets der Straße folgend kommen wir nach Virgen del Camino, Valverde de la Virgen, San Miguel del Camino und Villandangos del Páramo. Hier können wir nun endlich die grausame Fahrt an der sehr stark frequentierten Nationalstraße beenden. 200 m nach dem Ortseingang zweigen wir nach rechts Richtung Santa Marina del Rey auf die LE-443 ab. Endlich haben die dürren Campos ein Ende. Zahlreiche Wasserläufe und der Kanal del Páramo schaffen einen fruchtbaren Landstrich.

Die Straße zieht durch Celadilla nach Santa Marina del Rey, wo wir 900 m nach den ersten Häusern (vor dem Restaurant Victoria) nach links Richtung Puente de Órbigo abbiegen. Aufgeräumte Pappelwälder und Gemüsefelder säumen unseren Weg. Wir halten uns geradeaus durch Villamor de Órbigo und erreichen 2,5 km weiter Puente de Órbigo. Im Ort geht nach ca. 500 m rechts zwischen den Häusern durch zur großen Brücke Paso Honroso. Mit Ihr haben wir unser Ziel Hospital de Órbigo erreicht. Um zu dem Refugio zu gelangen, folgt man nach der Brücke der Calle Mayor oder fährt nach der Brücke rechts, am Ufer des Órbigo entlang, durch den Pappelwald zur zweiten Herberge des Ortes.

**Info**

Die gewundene Brücke über den **Órbigo** war Schauplatz des Paso Honroso. Hier hatte sich 1434 der Ritter Suero de Quiñones, um Brückenzoll zu erzwingen, allen Rittern in den Weg gestellt, die es wagten, die Brücke zu überqueren. Nach einer Version, weil er Lösegeld für eine Gefängnisstrafe brauchte, nach einer anderen zu Ehren Santiagos. 30 Tage kämpfte Suero mit neun Gefährten gegen ein großes Aufgebot von Edelleuten aus Frankreich, England, Italien, Deutschland und Spanien. Wiederum variieren die Angaben. Die einen Quellen sprechen von sechzig, die anderen von dreihundert Gegnern. Man kann die spektakuläre Angelegenheit aber nur unter dem Aspekt ritterlicher Gepflogenheiten verstehen. Von einem wirklichen Sperren des Weges kann nicht die Rede sein. Es wäre für Sueros Gegner ein leichtes gewesen, den Fluß abseits der Brücke zu durchreiten. Doch es galt offenbar nicht als ehrenhaft, einem Feind auszuweichen.

**Wegbeschreibung Camino:**
El Burgo Raneros verlassen wir über die Calle Mayor und folgen rechts den Pfeilen zur "Pilgermeile". Am Ortsausgang kommen wir an einen Tümpel vorbei und radeln wieder schnurgerade durch die eintönige Weite. Nur der Ausblick auf die fernen Picos de Europa bietet etwas

Abwechslung. Nach guten 8 km zweigt links eine Landstraße nach Villamarco ab, die wir aber ignorieren. Bald überqueren wir die Eisenbahnlinie León-Palencia und fahren auf dem Real Camino Francés weiter. Nicht mehr ganz 3 km und wir durchqueren Reliegos. Auf unserer Pilgerautobahn überqueren wir noch eine Landstraße, bis kurz vor Mansilla de las Mulas die Chaussee endet.

**Mansilla de las Mulas:** s. S. 97

Über einen Kanal erreichen wir durch die Mauerreste des Südtores den Ortskern. Wir überqueren den Rio Esla auf der berühmten mittelalterlichen Brücke und radeln auf der Piste, die links parallel zur N-601 verläuft, bis nach Villamoros. Am Ort vorbei auf der N-601, weiter auf der Piste, die unmittelbar am Rio Porma endet. Gehen Sie nicht ins Wasser, sondern über die Brücke. Sollten Sie die Brücke verfehlen, gehen Sie zurück auf Los. Doch nun zurück in die medias res Jacobis.

Auf der Landstraße überqueren wir den Fluß, fahren durch das langgezogene Straßendorf Villarente. Kurz vor dem Ortsausgang folgen wir der Markierung nach rechts auf einen schmalen Weg durch Wiesen. Kurz vor Arcahueja steigt der Weg etwas an.

Weiter durch den Ort auf einen Kiesweg, dann bergauf zu einem Friedhof. Nach einem kurzem Gefälle fahren wir links zurück zur N-601 und weiter durch Valdelafuente. Nach einer gefährlichen Abfahrt auf dem linken Seitenstreifen der N-601 zweigen wir (gottlob!) auf einen Kiesweg ab. Er führt uns über eine Fußgängerbrücke und wird später zu einer Teerstraße, die gerade durch Puente Castro geht. Wir erreichen León.

Auf einer Fußgängerbrücke überqueren wir den Rio Torio, erreichen nach 800 m einen Kreisverkehr und folgen der Ausschilderung Centro de Ciudad. Am Plaza Santa Ana weisen Pfeile in eine Einbahnstraße, wir aber fahren geradeaus in die Calle Alcade Miguel Castaño, dann rechts in die Avenida Indepencia (Wegweiser zur Catedrale), am Plaza Santo Domingo dann rechts durch die Fußgängerzone zur Kathedrale.

**León:** s. S. 97

Wir verlassen León über die Puente de San Marcos (beim Hostal San Marcos) und folgen den Pfeilen durch die Vorstadt. 2,8 km nach

der Puente de San Marcos verlassen wir die vielbefahrene Ausfallstraße und biegen nach rechts auf ein kleines ansteigendes Asphaltsträßchen ab. Immer den Pfeilen nach, gelangen wir vor Virgen del
Camino wieder auf die N-120. Kurz vor dem Ortsausgang überqueren
wir die N-120. Nach wenigen hundert Metern gabelt sich der Jakobsweg.

Die Variante geradeaus führt stets nahe der vielbefahrenen N-120
über Villadangos del Páramo nach Hospital de Órbigo. Wir wählen
die landschaftlich reizvollere Route über Fresno del Camino. Hier-
zu biegen wir links auf einen Feldweg ab, kommen auf einer Teerstraße durch Fresno del Camino und Oncina de la Valdonina. Am
Ortsende weiter auf einem Schotterweg und nach einem kurzen
Anstieg links auf einen gepflegten Kiesweg, der sich durch die einsame steppenartige Hügellandschaft zieht.

Durch Chozas de Abajo und Villar de Mazarife gelangen wir auf
eine Asphaltstraße und orientieren uns dann an der Ausschilderung nach Villavante. Nach etwa 6,5 km geht die asphaltierte Straße in einen breiten, steinigen Weg über. In Villavante halten wir
uns nach dem ersten Haus rechts, kommen an der Kirche vorbei,
überqueren Bahngeleise und zweigen nach links Richtung Hospital
de Órbigo ab. Eine Piste führt zunächst noch entlang der Bahnlinie
und verläßt sie dann nach rechts in die Felder. Kurz vor Puente de
Órbigo führt uns eine Rampe hoch zu einer Brücke, wir kreuzen
die Autobahn und halten geradeaus auf unser Ziel zu. Über die
große Brücke des Paso Honroso erreichen wir Hospital de Órbigo.
Um zum Refugio zu gelangen, folgt man nach der Brücke der
Calle Mayor oder fährt nach der Brücke rechts am Ufer des Órbigo
entlang durch den Pappelwald zur zweiten Herberge des Ortes.

„Pilger-Ausstattung" in Santa Catalina

# 9

# Hospital de Órbigo - Astorga - Rabanal del Camino

Langsam wandelt sich die Landschaft. Bewaldete Hügel durchsetzen fruchtbare Felder, ferne Bergketten scheinen uns zu umschließen und geben uns eine leise Ahnung davon, was wir die nächsten Tage zu erwarten haben. Abwechslung in erster Linie - erst das zweitausendjährige Astorga und dann Paßstraßen, die jeden Flachlandradler vor Ehrfurcht erschauern lassen. Mehrere Rosenkränze und Stoßgebete später erkennen aber selbst jene, daß auch in den grausamen Bergen die magere Suppe nicht annähernd so heiß gegessen wie gekocht wird.

**Alternativroute**: Bis Astorga peinigt uns noch der heftige
Verkehr auf der zum Teil bergauf führenden N-120. Doch das
Grauen hat bald eine Ende! Uns erwartet eine atemberaubende
Passage durch das Gebirge. Den ersten Teil der bevorstehenden
knappen 700 Höhenmeter bringen wir heute noch auf sanften
Anstiegen hinter uns.
**Camino**: Wer ohne Gepäck unterwegs ist, sollte dieses Stück
auf jeden Fall auf dem Pilgerweg erschließen. Abseits der
verkehrsreichen Landstraße - in der Ruhe des Camino - läßt
sich die abwechslungsreiche Landschaft intensiver wahrneh-
men. Am Anfang der Etappe bewegen wir uns auf breiten,
steinigen Lehmwegen, die aber zu bewältigen sind. Nach
Astorga verlaufen Camino und Alternativstrecke auf der
gleichen Route.

 **Santibanez:** kleine, einfache Herberge mit Küche (14 Pl.);
**Astorga:** Alberghe San Javier, schönes, gut ausgestattetes,
privates Haus, keine Küche, Frühstücksbuffet und Getränke,
nähe Kathedrale (120 Pl.) – große, zweckmäßige Gemeindeherberge im alten Schulhaus (218 Pl.); **Sta. Catalina d.S.:** Einfache
Gemeindeherberge (12 Pl.); **El Ganso:** Einfache Gemeindeherberge (16 Pl.); **Rabanal del Camino:** Gaucelmo, von engl.
Bruderschaft betreut, originelles, freundliches Haus mit wunder-
barer Aussicht, Küche, Camping im Garten mögl., ( 46 Pl.+) – El
Pilar, private Herberge mit Küche und Bar (72 Pl.)

 **Astorga:** ***Hotel Astur Plaza, Plaza de España, 2+3,Tel. (987)
61 89 00; **Hotel Gaudi, Eduardo de Castro, 6, Tel. (987) 61 56
54; ** Hostal La Peseta, Pza. San Bartolomé, 3, Te. (987) 61 72
75; * Hostal Parradillada Serrano, Portería, 2, Tel. (987) 61 78
66; **Castrillo de los Polvazares:** ** Hostal Cuca la Vaina,
Jardin, Tel. (987) 691078 / 69 19 60; * Hostal Casa Juan Andrés,
Juan José Cano, 16, Tel. (987) 69 19 71; **Rabanal del Camino:**
** Hostal El Refugio, C.Real, Tel. (987) 69 18 26

 **Astorga:** Bicicletas H.A. Gonzalez, C. Santiago Crespo, 6,
Tel. (987) 60 27 68

*Astorga:* Pza. Eduardo Castro, 5, Tel. (987) 61 82 22

 *Astorga:* Busbahnhof in der Avenida de Murallas, Tel. (987) 61 91 00; **Bahnhof:** in der Calle Pedro de Castro s/n, Tel. (987) 61 64 44

 **Alternativroute:** Estebánez de la Calzada 5,6 km - San Justo de la Vega 11,9 km - Astorga 14,8 km - Murias de Rechivaldo 20,6 km - Castrillo de los Polvazares 22,5 km - Santa Catalina de Somoza 25,7 km - El Ganso 29,9 km - Rabanal del Camino 37,4 km.
**Camino:** Villares de Órbigo 2,0 km - Santibánez 4,8 km - San Justo 14 km - Astorga 17,3 km - Murias de Rechivaldo 23,5 km - Castrillo de los Polvazares 25,0 km - Sta. Catalina de Somoza 28,2 km - El Ganso 32,4 km - Rabanal del Camino 39,9 km.

## Wegbeschreibung Alternativroute:

Wenn uns über Nacht nicht die hier so angriffslustigen Mücken aufgefressen haben, verlassen wir Hospital de Órbigo über die holprige Calle Mayor und folgen links dem Zubringer zur N-120 Richtung Astorga. Weiter dann auf der Nationalstraße, begleitet von regem Verkehr, vorbei an Estebánez de la Calzada. Es geht nun immer wieder zäh bergauf, aber auch bergab. Eine gute Gelegenheit, um sich nach dem ausgedehnten Flachstück der Campos für die folgenden Bergetappen einzuradeln. Langsam verändert sich das Landschaftsbild. Auf einem Hochplateau angelangt umringen uns ferne Bergzüge. Endlich nach 9,8 km entfliehen wir dem Verkehr und zweigen Richtung San Justo de la Vega ab. Wir rollen durch San Justo del la Vega auf die Türme von Astorgas Kathedrale zu.

Nach dem zweiten Bahnübergang fahren wir links und nach wenigen Metern wieder rechts. An der Calle Perpetua Socorre halten wir uns links und kämpfen uns dann bei einem Stopschild in engem Bogen rechts bergauf. In das Stadtzentrum gelangen wir vorbei an der Kirche San Francisco durch die Calle Padres Redentoristas.

 Bereits zur Römerzeit hatte **Astorga** eine besondere Stellung als Schnittpunkt der beiden bedeutendsten Römerstraßen, der Via Traiana und der Via de la Plata (auch Silberstraße genannt). Aber auch in der Geschichte des Jakobswegs hatte es einen besonderen Rang. In seinen 21 Hospizen (nur Burgos besaß mehr Herbergen) konnten sich die erschöpften Pilger ausruhen, bis sie den Strapazen der bevorstehenden Bergwanderung gewachsen waren. Heute lohnt ein Besuch der gotischen **Kathedrale Santa María** (15. Jh.). Als Vorbild diente zwar ursprünglich die Kathedrale von León, doch wurden später mächtige Renaissancetürme und üppiger, plateresker Barockdekor angefügt. Etwas seltsam mutet die Wahl des Baumaterials an. Der vertikal gemaserte rosafarbene Stein bringt in die Fassade eine schon fast sinnverwirrende Unruhe. Im Inneren gibt es einiges zu bewundern. Die romanische Gottesmutter, Virgen de la Majestad des Hauptaltares und die wertvollen Stücke des Kirchenschatzes. Nahe der Kathedrale erhebt sich der etwas skurrile, neogotische Bischofspalast **Palacio Episcopal**, der zwischen 1899 und 1913 von Antonio Gaudí erbaut wurde, gegen den blauen Himmel. Er beherbergt in seinem reich verzierten Innenraum das Museum der Wege (Museo de los Camino). Bevor man Astorga verläßt, sollte man auf jeden Fall noch von der überlaubten (in Teilen römischen) **Stadtmauer** (3. und 13. Jh) aus seine Blicke über das weite Land schweifen lassen. Vielleicht bei einem mantecada (Buttergebäck), einer Köstlichkeit aus Astorga.

## Wegbeschreibung Alternativroute/Camino:

Um zu unserem noch knapp 20 km entfernten Etappenziel zu gelangen, verlassen wir Astorga gegenüber der Turmseite der Kathedrale durch die Calle Leopoldo Panero, dann rechts durch die Calle San Pedro und an der gleichnamigen modernen Kirche links vorbei. An der

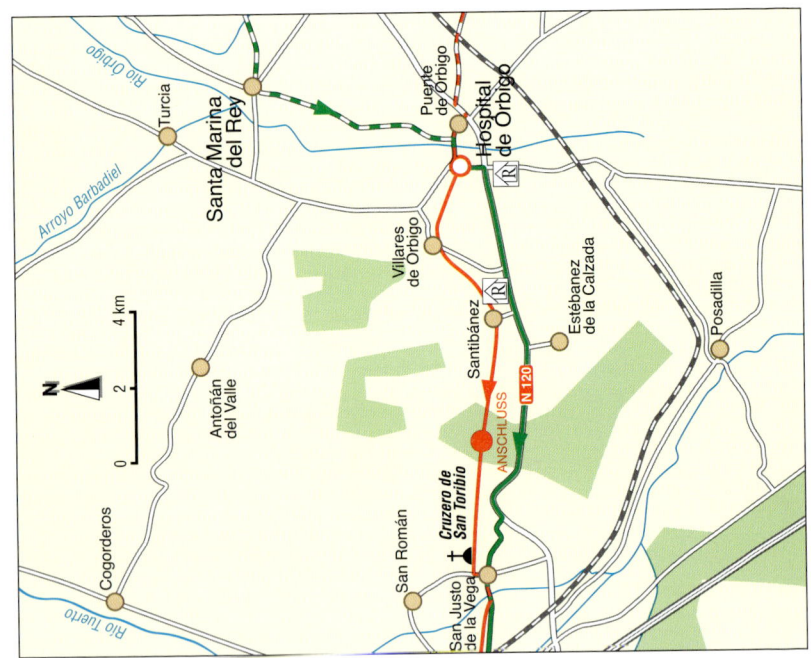

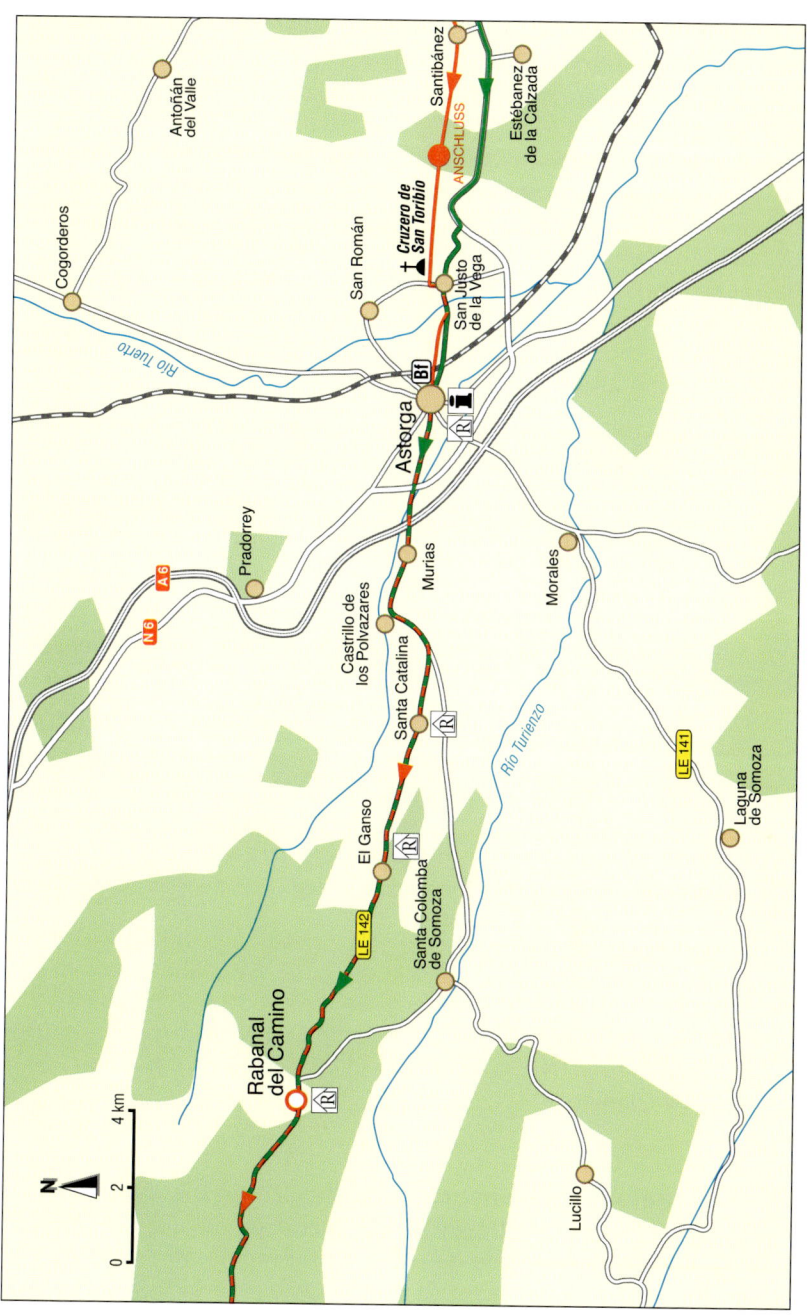

Antoñán
del Valle

Cogorderos

Río Tuerto

San Román

Santibáñez

Cruzero de
San Toribio

ANSCHLUSS

Estébanez
de la Calzada

San Justo
de la Vega

Bf

Astorga

R

Pradorrey

A6

N6

Murias

Morales

Castrillo de
los Polvazares

Santa Catalina

R

Río Turienzo

LE 141

El Ganso

R

Laguna
de Somoza

LE 142

Santa Colomba
de Somoza

Rabanal
del Camino

R

Lucillo

4 km

N

2

0

Kreuzung mit der N-VI folgen wir der Ausschilderung nach Castrillo de los Pol-vazares. Nach ca. 3,5 km überqueren wir den Rio Jerga. Bald erreichen wir Murias de Rechivaldo.

Hier zweigt der Pilgerweg links von der LE-142 auf einen Trampelpfad ab. Folgt man diesem, verpaßt man allerdings das schönste Dorf dieses Landstriches, das denkmalgeschützte Castrillo de los Polvazares. Deshalb empfehlen wir auf der LE-142 zu bleiben und einen kurzen Abstecher nach Castrillo zu machen. (Wer dem Pilgerweg folgt, durchquert Murias und bleibt stets geradeaus auf der Lehmpiste, die links von der Landstraße verläuft. Nach knapp 3 km kommt man zu einer Kreuzung und fährt nun Richtung Santa Catalina/El Ganso).

**Tipp**

**Abstecher: Castrillo de los Polvazares** ist die charakteristischte Ortschaft des Maragato (Bezeichnung dieser Region der Provinz León). Inzwischen zwar für den örtlichen Tourismus entdeckt, ist das Gesicht des Dorfes trotzdem noch ursprünglich und unverdorben geblieben. Schmucke Steinhäuser reihen sich entlang der gepflasterten Dorfstraßen und einige gemütliche Restaurants bieten das typische Gericht cocido maragato (ein Eintopf mit Fleisch und Gemüse) an.

Wir setzen unsere Fahrt auf der LE-142 fort und biegen bei dem Abzweig Santa Catalina/El Ganso rechts ab. Es geht nun sanft bergauf über die ersten Ausläufer des Monte Irago. Immer geradeaus fahren wir auf die Weiler Santa Catalina de Somoza und El Ganso zu.

**Info**

In **El Ganso** sehen wir die ersten strohgedeckten Dächer des Pilgerwegs. Diese Art des Dachdeckens ist noch ein Überbleibsel keltischer Vorgeschichte, die man nur noch hier und in wenigen, besonders konservativen Gegenden Galiciens bewundern kann.

4,5 km hinter El Ganso nehmen wir die linke Weggabel (nicht rechts Richtung Rabanal Viejo!), und nach weiteren guten 2 km folgen wir an einer Kreuzung rechts den Camino-Pfeilen Richtung Foncebadón ins Dorf und erreichen nach wenigen Metern unser heutiges Ziel, Rabanal del Camino.

**Wegbeschreibung Camino: Hospital de Órbigo bis Astorga**

Hospital de Órbigo verlassen wir entlang der Calle Mayor. Am Ortsende weisen uns Pfeile geradeaus und rechts. Wir wählen den Weg nach rechts (geradeaus kommt man zur N-120). Nach ca. 2

km erreichen wir Villares de Órbigo. In Villares folgen wir den Pfeilen durch den Ort, fahren links auf eine Asphaltstraße und überqueren den Kanal.Wir folgen dem Trampelpfad, der durch meist feuchten Wiesengrund bergauf führt (das kurze Wiesenstück kann man auf der Asphaltstraße links umfahren). Nach wenigen Metern kommen wir wieder an die Nebenstraße und folgen dieser rechts bis Santibánez.

Pfeile leiten uns wieder durch den Ort auf einen Feldweg. Stets sanft bergauf und bergab durchfurcht der lehmrote, steinige Weg die Felder. Eine Wegkreuzung passieren wir geradeaus, wenige Meter weiter folgen wir dann dem Hinweisschild (Achtung: schlecht zu sehen!) nach links. Die ausgezeichnete Wegmarkierung, hier auch oft besonders originell durch in Pfeilform gelegte Steine, läßt uns an den folgenden Weggabelungen nie an der richtigen Richtung zweifeln.

Bald eröffnet sich uns ein gigantischer Ausblick. Der Weg scheint in den tiefblauen Himmel einzutauchen und unser Blick schweift über die fernen Bergketten. Nach einer kurzen Abfahrt stoßen wir rechts ins Unterholz. Nicht ganz einen Kilometer weiter, in einer kleinen Senke, überqueren wir den Wasserlauf des Grillo und radeln dann aufwärts auf ein Plateau, auf dem wir eine Teerstraße überqueren. An einer Kreuzung wählen wir den mittleren Weg. Am Wegkreuz von Santo Toribio rollen wir bergab und treffen auf eine Asphaltstraße, die uns rechts zur N-120 nach San Justo de la Vega bringt. Durch den Ort folgen wir der N-120 und überqueren unweit des Ortsausgangs den Rio Tuerto. Nach der Brücke verlassen wir rechts die Hauptstraße und folgen einem parallel laufenden Weg. Knapp 2 km weiter, über ein altes, kleines Steinbrückchen und einen Bahnübergang, erreichen wir die Vorstadt von Astorga.

**Astorga:** s. S. 105

Nach dem zweiten Bahnübergang fahren wir links und nach wenigen Metern wieder rechts. Bei der Calle Perpetua Socorre halten wir uns links und kämpfen uns dann bei einem Stopschild in engem Bogen rechts bergauf. In das Stadtzentrum gelangen wir vorbei an der Kirche San Francisco durch die Calle Padres Redentoristas (Weiterweg siehe Alternativroute).

# 10

# Rabanal del Camino - Ponferrada - Villafranca de Bierzo

Eine der eindruckvollsten Etappen des Camino de Santiago! Hart, aber von unglaublicher Schönheit. Der Blick wandert über sanft gerundete, dunkelgrüne Bergkuppen und man kann sich kaum sattriechen am würzigen Duft von Ginster, Heidekraut und Lavendel. Und dann hinab, in rauschender Fahrt, ins Bierzo - dem Vorzimmer Galiciens.

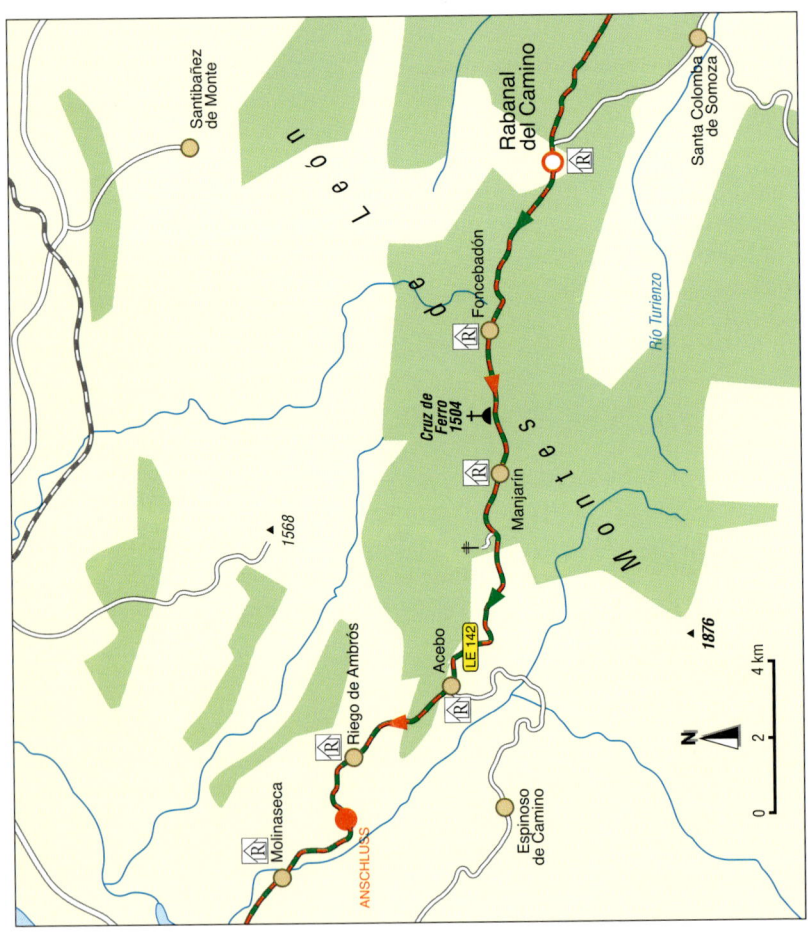

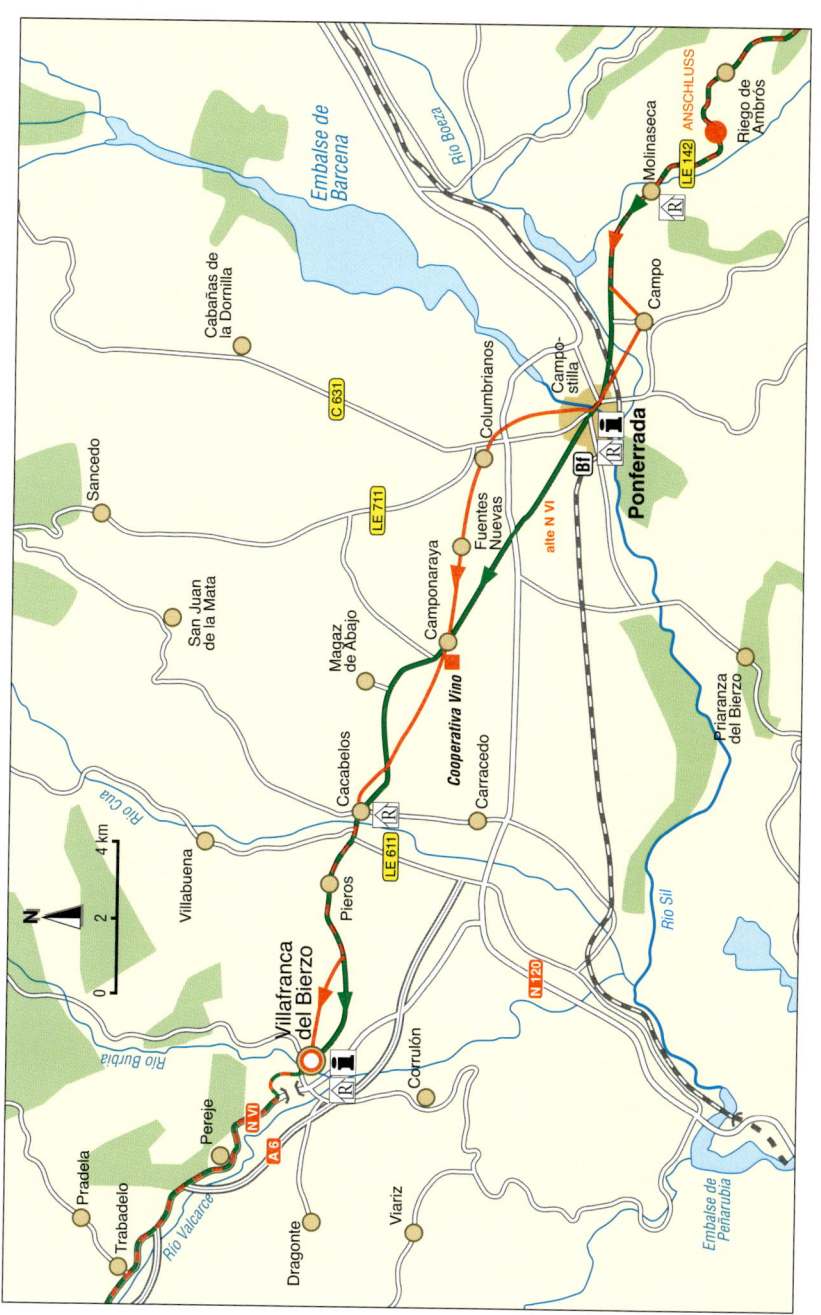

## Toureninfos

 **Alternativroute**: Nur keine Panik! Nach neun Etappen sind wir trainiert und die Passage über das Gebirge kann uns nicht mehr schrecken. Längst nicht so gemein, wie oft beschrieben, gestaltet sich die etwa 16 km lange Steigung. Wer in der morgendlichen Kühle aufbricht, hat bis zu den heißen Mittagsstunden bereits das Schlimmste überstanden und sich vielleicht schon im Rio Meruelo in Molinaseca erfrischt. Über die kurzen Steigungen auf der wenig befahren Landstraße bis Villafranca kann man dann nur noch müde lächeln.

**Camino**: Der Fußweg über den Rabanal-Paß zieht sich auf zum Teil unbefahrbaren Wegen durchs Gebirge. Wir folgen deshalb der Alternativroute bis Molinaseca. Ab hier geht es im steten Bergauf und Bergab über meist recht holprige Wege bis Villafranca.

 **Foncebadon:** gepflegtes Refugio bei der Kirche, mit Küche, teils wird gekocht (18 Pl. +); **Manjarín:** einfache Berghütte, speziell, von Aussteiger betrieben (20 Pl.); **El Acebo:** private Herberge, keine Küche, Bar im Haus (24 Pl.) - kl. Gemeindeherberge (10 Pl.) - private Herberge Taberna Jose (10 Pl.); **Riego de Ambrós:** Gemeindeherberge (40 Pl.); **Molinaseca:** spezielles Refugio am Ortsausgang, mit offenem Kamin und Küche ( 30 Pl.+); **Ponferrada:** sehr schöne, komfortable Herberge (200 Pl.), in der Kirche auf dem Gelände werden Gebet und Messe angeboten; **Cacabelos:** gepflegte Gemeindeherberge am Ortsausgang, keine Küche (70 Pl.); **Villafranca de Bierzo:** sympathische, private Herberge „ Ave Fenix" bei der Santiago-Kirche, keine Küche, Bar, bietet Gepäck-Shuttle-Service zum Cebreiro an (80 Pl.) – gepflegte Gemeindeherberge ebenfalls bei Santiagokirche, mit Küche (62 Pl.)

 **Foncebadon:** Hostal Convento de Foncebadon, Tel. (987) 69 12 45; **Molinaseca:** \*\* Hotel Posada de Muriel, Plaza del Cristo, Tel. (987) 45 32 01; \*\* Hostal El Palacio, C. Palacio, Tel. (987) 45 30 94; **Ponferrada:** \*\*\*\* Hotel R. del Temple, Avda. De Portugal, 2, Tel. (987) 41 00 58; \*\*\* Hotel R. Bergidum, Avda. De la Plata, 4, Tel. (987) 40 15 12; \*\* Hotel Los Teplarios, C.Flórez Osorio, 3, Tel. (987) 41 14 84; \*\* Hostal R. Monteclaro, Antonio Cortés, 24, Tel. (987) 45 57 03; \* Hostal R. San Miguel, Luciana

Fernández, 2, Tel. (987) 41 10 47; **Cacabelos:** \*\* Hostal Sta.
Maria, Santa Maria, 20, Tel. (987) 54 95 88; Zimmer El Molino,
Santa Maria, 10, Tel. (987) 54 70 55; **Villafranca de Bierzo:**
\*\*\* Parador Villafranca, Avda. Calvo Sotelo, Tel. (987) 54 01 75;
\* Hotel San Francisco, Plaza Mayor, 5, Tel. (987) 54 04 65; \*\*
Hostal Casa Méndez, Espíritu Santo, 1, Tel. (987) 54 00 55; \*
Hostal Comercio, Puente Nuevo, 2, Tel. (987) 54 00 08

**Ponferrada:** Taller Choli, San Genadio, 7, Tel. (987) 40 06 09;
ca. 3 km nach Ponferrada auf der Alternativstrecke: Ciclos Nino,
Avda. Galicia, 77, Cuatrovientos; **Camponaraya:** Bici Moto
Guerrero, Avda. Francisco Sobrín, 44, Tel. (987) 46 34 97;
**Villafranca de Bierzo:** Urbano, Calle Puente Nuevo, 2

**Ponferrada:** Calle Gil y Carrasco, 4, Tel. (987) 42 42 36; **Villafranca
de Bierzo:** Avda. B. Díez Ovelar, 10, Tel. (987) 54 00 28

**Ponferrada:** Busbahnhof Av. Libertad, 15, Tel. (987) 40 10 65;
Bahnhof, Av. Ferrocarril, 4, Tel. (987) 41 00 67

**Alternativroute:** Foncebadón 5,5 km - Cruz de Ferro 8,1 km -
Manjarín 12,7 km - El Acebo 18,7 km - Riego de Ambrós 22,1
km - Molinaseca 28,7 km - Ponferrada 34,9 km - Camponaraya
43,2 km - Magaz de Abajo 46,3 km - Cacabelos 49,3 km - Pieros
52,1 km - Villafranca de Bierzo 58 km.
**Camino:** Foncebadón 5,5 km - Cruz de Ferro 8,1 km - Manjarín
12,7 km - El Acebo 18,7 km - Riego de Ambrós 22,1 km -
Molinaseca 28,7 km - Campo 33,1 km - Ponferrada 35,8 km -
Compostilla 38,4 km - Columbrianos 40,4 km - Fuente Nuevas
43,4 km - Camponaraya 45,4 km - Cacabelos 51,5 km - Pieros
54,4 km - Villafranca de Bierzo 59,8 km.

## Wegbeschreibung Alternativroute/Camino: bis Molinaseca
Gestärkt und ausgeruht machen wir uns heute an den zweiten Teil der
ersten Paßetappe des Camino de Santiago. Wir verlassen Rabanal
über die Calle Real und fahren stets bergauf über die weiten Hänge
auf Foncebadón zu.

**Info**
Noch vor wenigen Jahren ließen die kläglichen Überreste von Foncebadón nichts
von seiner ursprünglichen Bedeutung erahnen. Der Eremit Gaucelmo errichtete

> hier im 11. Jahrhundert ein Hospiz, das den Wallfahrern den Weg über diesen unwegsamen Gebirgspass erleichterte. Heute wird das einst verfallene und verlassene Dorf für touristische Zwecke nach alten Vorbildern wieder aufgebaut. (www.conventodefoncebadon.com)

Wir umfahren Foncebadón rechts auf der Landstraße und kämpfen uns Meter für Meter zum 2,6 km entfernten Cruz de Ferro (Eisenkreuz) hinauf. Oft weht ein eisiger Wind hier oben. Machen wir eine Verschnaufpause und legen unseren Stein nieder.

> **Info**
>
> Auf 1504 Metern Höhe erhebt sich das einfachste aber auch symbolträchtigste Kreuz entlang des Caminos, das **Cruz de Ferro**. Aus einem Steinhügel ragt ein roher, dünner Baumstamm, gekrönt von einem einfachen Eisenkreuz. Der Hügel mag Millionen von Steinen zählen, jeder nach tausendjähriger Tradition von vorbeiziehenden Santiago-Pilgern niedergelegt.

Weiter geht es durch das grandiose Höhenland nach Manjarín. In dem verfallenen Weiler betreibt ein idealistischer Aussteiger mit grenzenloser Begeisterung ein "Freiluftrefugio". Etwa 2 km weiter halten wir links Richtung Ponferrada (LE-142), das wir auch schon in weiter Ferne sehen. Noch gut 1 km und wir können aufatmen. Die letzte Steigung ist überwunden und wir rollen über die kurvige Teerstraße durch El Acebo.

Vorbei an Riego de Ambrós endet unsere rauschende Talfahrt in Molinaseca. Über die Brücke über den Meruelo gelangen wir nach den ersten Häusern in den Ort.

> **Info**
>
> Das malerische **Molinaseca** mit seinen stattlichen Bauernhäusern und der schiefergedeckten Renaissancekirche San Nicolás bietet uns Gelegenheit, den Schweiß der harten Passage über den Rabanal abzuwaschen. Ein Staubecken im Rio Meruelo lädt zu einem Sprung ins kalte Wasser ein.

## Wegbeschreibung Alternativroute: Molinaseca bis Villafranca

In Molinaseca fahren wir die Calle Real entlang und kommen zur N-142, der wir Richtung Ponferrada folgen. Zunächst müssen wir wieder etwas bergauf radeln, um dann nach 3 km fast bis in die Vorstadt von Ponferrada zu rollen. 300 m nach den ersten Häusern halten wir uns im Kreisverkehr halblinks Richtung Peñalba S. Pedro d. M. Die nächsten beiden Kreisel durchfahren wir geradeaus und gelangen zur Templerburg.

>
>
> Das Zentrum des Bierzo, **Ponferrada**, blickt auf eine lange Vergangenheit zurück. Bereits die Römer befestigten den Hügel zwischen den Flüssen Boeza und Sil und nannten die Siedlung Interamnium Flavium. Als Bischof Osmund von Astorga im 11. Jahrhundert den Bau der mit Eisen verstärkten Silbrücke anordnete, bürgerte

Cruz de Ferro: Ein schlichtes Eisenkreuz auf einem dürren Baumstamm, umgeben von unzählig vielen Steinen, die vorbeiziehende Pilger nach alter Tradition hier abgelegt haben

**Info**

sich die heutige Ortsbezeichnung Ponferrada (eiserne Brücke) ein. Im 12. Jahrhundert ließ sich der umstrittene Templerorden in Ponferrada nieder und errichtete die großartige **Burg**, als Stützpunkt und um den Jakobsweg zu sichern. Sie ist eines der schönsten und bedeutendsten Zeugnisse spanischer Militärarchitektur. Als der Orden zum Bau der Burg einen Wald rodete, erschien laut Überlieferung in einer Steineiche (encina) die Jungfrau Maria. Mit dem Bau der **Basilika Nuestra Señora de la Encina** (16. Jh.) entstand eine vielbesuchte Marienstätte. Heute ist Ponferrada eine blühende Industriestadt (Kohle und Eisenerz). Man darf nur auf Windstille hoffen. Anderfalls wehen einem der Staub und die Abgase der mächtigen Kohlehalden um die Nase. Nicht unbedingt ein Genuß!

An der Burg machen wir einen Schlenker rechts bergauf und fahren sofort durch die schmale Calle Tras la Cava rechts an der Burg vorbei.

Durch die Calle de Ranadero links bergab bis zum Plaza de las Nieves (Postamt). Hier biegen wir links in die Avenida la Puebla (Achtung! Den Wegweiser nach ca. 150 m, rechts Richtung N-VI nicht beachten! Er bringt uns auf die Schnellstraße). Nach 500 m erreichen wir einen Kreisverkehr und fahren geradeaus in die Calle Camino de Santiago. Gute 6 km radeln wir nun durch Ponferradas Gewerbegebiet, bis wir nach Camponaraya gelangen. Wir folgen stets der Straße und lassen bald die Stadt hinter uns. Zwischen von architektonischen Abscheulichkeiten gespickten Weingärten und kleinen Hügeln, mal bergauf mal bergab, fahren wir an Magaz de Abajo vorbei und erreichen Cacabelos.

> **Info**
>
> Am Ortsausgang von **Cacabelos** liegt das Sanktuarium Quinta Angustia (18. Jh.) mit seinem kuriosen Retabel. Es stellt das Jesuskind beim Kartenspiel mit dem Hl. Antonius von Padua dar.

Weiter auf der wenig befahrenen N-006A treten wir nach Pieros. Ca. 4,4 km hinter Pieros biegen wir rechts von der N-006A ab und sehen schon nach wenigen Metern die Burg von Villafranca del Bierzo. Gleich bei der Burg fahren wir rechts zur Santiagokirche und weiter zu einem der beiden Refugios. Für heute haben wir es geschafft und können nun im Refugio von Villafranca Kraft für die morgige Etappe über den Cebreiro schöpfen.

> **Info**
>
> Die fränkische Siedlung **Villafranca del Bierzo** wurde zu Zeiten König Alphons VI. gegründet. Kluniazensermönche, die dieser König nach Spanien brachte und an den entscheidenden Punkten des Jakobsweg ansiedelte, trugen bald zum Wachstum des Fleckens bei. Aber auch die fruchtbaren Hänge des umliegenden Landes haben den Bürgern dieses Städtchen zu Wohlstand verholfen, was sich im bis in heutige Zeiten weitgehend bewahrten, ursprünglichen Straßenbild Villafrancas zeigt.
>
> Für kranke Pilger, die dem Weg nach Compostela nicht mehr gewachsen waren, hatte dieser Ort eine besondere Bedeutung. Dank eines Sonderrechts des spanischen Papstes Calixt III. (1455-1458) konnten sie in der **Santiago-Kirche** (12. Jh.) den Ablaß bekommen, der die gleiche Wirksamkeit hatte, wie der am Grab des Apostels in Santiago de Compostela. Bemerkenswert ist ihr reich verziertes Nordportal. Nebenan befand sich das **Hospital de Santiago**, das von eifrigen Freunden des Jakobsweg in mühevoller Kleinarbeit gerade wieder aufgebaut wird. Gegenüber erhebt sich die massige **Burg** der Markgrafen von Villafranca. Sie wurde wahrscheinlich im 16. Jahrhundert vom ersten Marque errichtet und ist heute in privatem Besitz. Die **Kirche San Francisco** (13. u. 15. Jh.) soll, wie viele andere Kirchen entlang des Wegs, an die Wallfahrt des Hl. Franz von Assisi nach Compostela erinnern. Am Ende der Calle del Agua steht der Renaissancebau **Santa María Cluniaco** (16.- 18. Jh.). Bekannt ist Villafranca auch für seine ausgezeichneten Rosé- und Weißweine. Auch Kuenig von Vach wußte diese schon zu schätzen: "in Villefrancken, da trink den Wein mit Bedacht - er macht das Herz entflammen wie eine Kerze!"

## Wegbeschreibung Camino: bis Molinaseca
## siehe Alternativroute

In Molinaseca gelangen wir durch die Calle Real zur LE-142. 3,1 km verläuft der Camino auf oder parallel zur Landstraße. Eine Steinsäule weist uns dann links bergab auf einen schmalen und steinigen Pfad. Auf- und abwärts radeln wir durch Weinberge nach Campo. Auf der Calle Real geht es durchs Dorf, weiter auf der Asphaltstraße, die wir nach 1,8 km nach nach rechts verlassen. Wir überqueren den Boeza und erreichen Ponferrada.

**Ponferrada:** s. S. 114

Wir folgen den Pfeilen zur Templer-Burg, machen einen Schlenker rechts bergauf und fahren sofort durch die schmale Calle Tras la Cava rechts an der Burg vorbei. Durch die Calle de Ranadero links bergab bis zum Plaza de las Nieves (Postamt). Hier biegen wir links in die Avenida de la Puebla und nach ca. 100 m rechts in die Calle Rio Urdialles. Gerade weiter bis zum Fluß vor und biegen nach einem Sportplatz links ab, fahren bergauf zur Straße und folgen dieser rechts. An einer Weggabel halten wir uns links an der darauffolgenden rechts. Nach einer weiteren Rechts-Links-Kombination verlassen wir den Vorort Compostilla auf einer sandigen Piste und gelangen nach Columbrianos. Am Friedhof vorbei kommen wir zur C-631, überqueren diese, folgen der Calle San Blas zum Ortsausgang und weiter auf einem Feldweg bis Fuente Nuevas und Camponaraya. Hier folgen wir der Hauptstraße durch den Ort und zweigen dann bei der Cooperativa Vino links ab auf einen ansteigenden Sandweg. Wir überqueren auf einer Brücke die Autobahn und halten uns an einer Weggabel rechts. Wir ziehen durch die Weinberge, überqueren eine Teerstraße und fahren nun auf Teer weiter bis Cacabelos.

**Cacabelos:** s. S. 116

Wir folgen den Markierungen durch den Ort und verlassen ihn über eine Brücke, vorbei an der Kapelle Nuestra Señora, und treten kräftig bergauf nach Pieros.2,5 km weiter zweigen wir, nach einer Cideria (lockt mit hausgemachtem "Äppelwoi") und einer Kuppe, in der Senke rechts auf einen Feldweg ab. Weiter auf einem Wanderweg, dem Camino de la Virgen, erreichen wir unser Tagesziel Villafranca de Bierzo.

**Villafranca de Bierzo:** s. S. 116

# 11

# Villafranca de Bierzo - O Cebreiro - Triacastela

Ganz anders als die weiträumige Bergwelt des Rabanal präsentiert sich der Monte Cebreiro. Durch enge, sattgrüne Falten schlängelt sich der Rio Valcárcel. Am Alto do Cebreiro öffnet sich der Blick - schweift über Hochtäler endloser Weite. Wir haben Galicien erreicht! Eine ausgiebige Rast im urigen Bergdörfchen O Cebreiro und weiter auf dem den El Poio umsäumenden Weg in die immergrünen Talgründe Galiciens.

## Toureninfos

 *Alternativroute/Camino*: Um einiges härter als der Rabanal-Paß gestaltet sich der Weg über den Cebreiro-Paß. Doch nur Mut! Bis Ruitelán radeln wir uns langsam warm, schalten dann

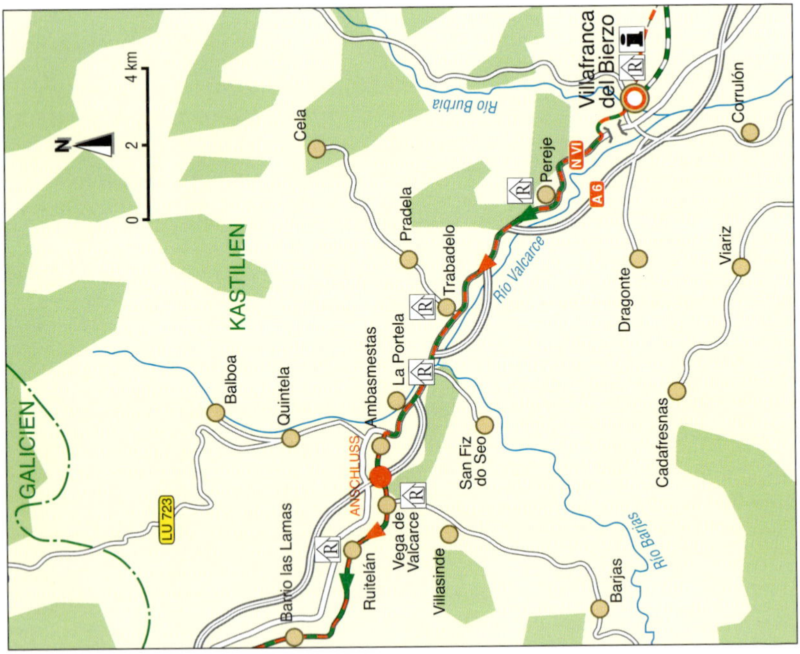

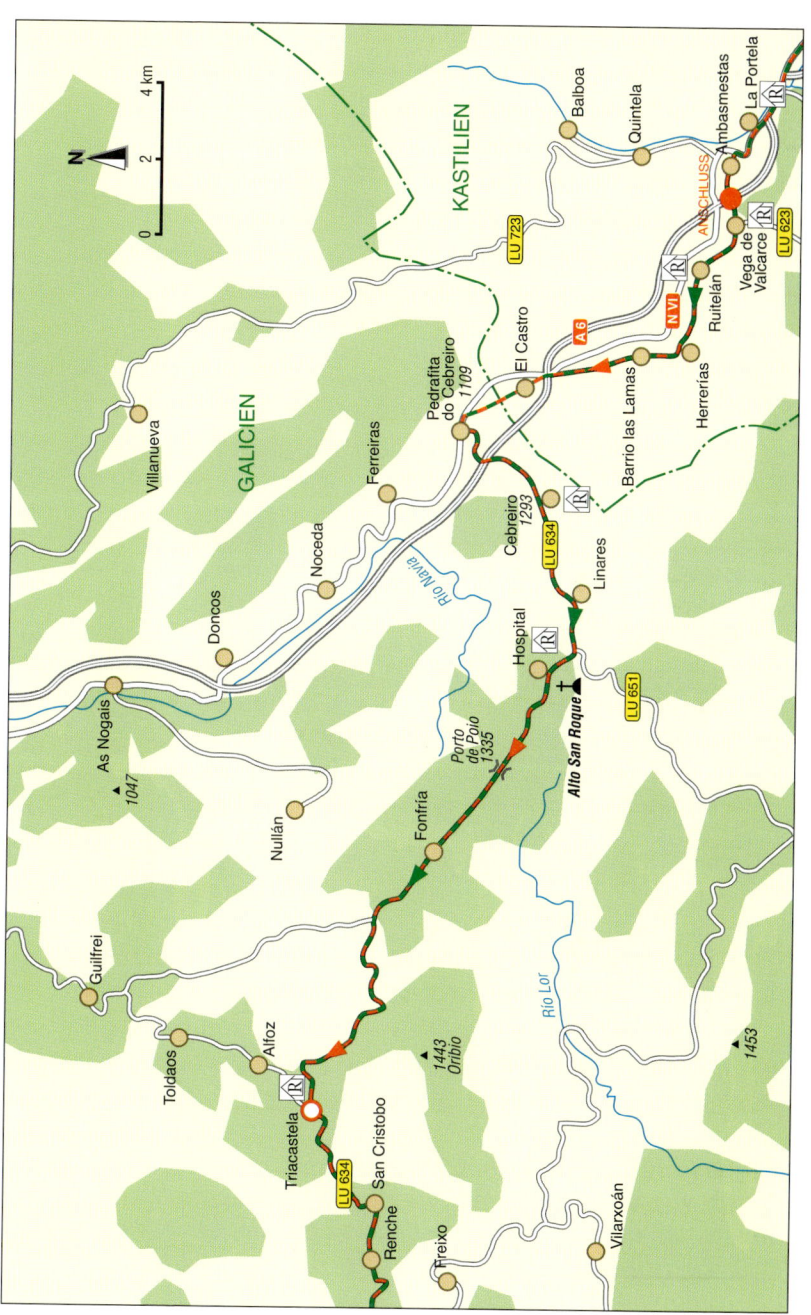

KASTILIEN

GALICIEN

4 km

2

0

N

Balboa

Quintela

La Portela

Ambasmestas

ANSCHLUSS

Vega de Valcarce

LU 623

LU 723

Ruitelán

NVI

Herrerias

Barrio las Lamas

El Castro

A 6

Pedrafita
do Cebreiro
1109

Villanueva

Ferreiras

Noceda

Doncos

Rio Navia

Cebreiro
1293

LU 634

Linares

Hospital

Porto
de Polo
1335

Alto San Roque

LU 651

As Nogais

1047

Nullán

Fonfria

Rio Lor

Guilfrei

Toldaos

Alfoz

1443
Oribio

1453

Triacastela

LU 634

San Cristobo

Renche

Freixo

Vilarxoán

119

ein paar Gänge zurück und kämpfen uns die nächsten 15 km
Höhenmeter für Höhenmeter (gut 700) zum Alto do Cebreiro
hoch. Wer aber nun meint, genüßlich ins Tal rauschen zu
können, wird schnell eines besseren belehrt. Noch einige zähe
Anstiege müssen überwunden werden, bis wir etwa 3 km hinter
Fonfría endlich unsere Räder bis Triacastela laufen lassen
können.

 *Pereje:* private Herberge (30 Pl.); *Trabadelo:* gepflegte Herber-
ge mit Küche (28 Pl.); *La Portela:* kleine Gemeindeherberge;
*Vega de Valcarce:* private Herberge „Sarracin", keine Küche,
Restaurant (48 Pl.); *Ruitelán:* kleine ordentliche Herberge (16
Pl.+); *O Cebreiro:* geräumige Herberge mit Küche, hervorragen-
de Lage mit toller Aussicht (80 Pl.); *Hospital:* zweckmässige
Herberge (18 Pl.); *Triacastela:* sehr schön gelegene Häuser, mit
spezieller Architektur, keine Küche (80 Pl.)

 *Trabadelo:* ** Hostal Nova Ruta, Ctra. Madrid-Coruña, km 414,
Tel. (987) 56 64 31; *Portela:* ** Hostal Valcarce, Ctra. N-VI, km
418, Tel. (987) 54 31 80; *Vega de Valcarce:* Pension Fernández,
Plaza del Ayuntamiento, Tel. (987) 54 30 27; *Pedrafita do
Cebreiro:* ** Hostal Rebollal, Ctra. N-VI, Tel. (982) 36 71 15;
*O Cebreiro:* ** Hostal San Giraldo de Aurillac,
Tel. (982) 36 71 25; Pension Frade, Tel. (982) 36 71 04;
*Triacastela:* Pension Fernández, Tel. (982) 54 81 48

**km** *Alternativroute/Camino:* Pereje 5,5 km - Trabadelo 8,5 km - La
Portela 14 - Ambasmestas 15,4 km - Vega del Valcarce 16,2 km
- Ruitelán 19,1 km - Herrerías 20,2 km - Las Lamas 22,8 km -
El Castro 27,5 km - Pedrafita do Cebreiro 30 km - O Cebreiro
34,4 km - Liñares 37,8 km - Alto San Roque 39 km - Hospital da
Condesa 40,3 km - Porto de Poio 43,5 km - Fonfría 46,7 km -
Triacastela 58,2 km.

**Wegbeschreibung Alternativroute/Camino:**
So früh wie möglich machen wir uns heute auf den Weg, um den
zweiten Paß des Camino de Santiago zu bezwingen. Wir Radler fahren auf der Hauptstraße bergab, an der Burg vorbei (die Pfeile leiten
über Stufen durch den Ort), halten uns bei dem großen Schornstein

mit der Aufschrift "Alcohol" rechts, fahren dann sofort links auf einen gepflasterten Weg und folgen diesem, bis er uns links über eine Brücke über den Rio Burbia führt. Gleich nach der Brücke ignorieren wir den Pfeil nach rechts und radeln geradeaus weiter. Am Wegweiser Richtung Coruña halten wir uns rechts (links geht es durch einen Tunnel zum Cebreiro!) zur N-VI, die sich durch das eng gewundene, grüne Tal des Valcarce zieht. Am frühen Morgen hält sich der Verkehr hier glücklicherweise noch in Grenzen. Immer auf der Nationalstraße erreichen wir Pereje, Trabadelo und La Portela. Nach ca. 15 km biegen wir Richtung Vega del Valcarce auf die nur noch vom Nahverkehr frequentierte alte Trasse der N-VI ab. Durch Ambasmestas, Vega del Valcarce und Ruitelán erreichen wir Herrerías.

Jetzt ist es vorbei mit dem sanften Einradeln. Etwa 15 km zum Teil mühseliger Steigungen liegen vor uns. Vorbei an den urigen Weilern Las Lamas und El Castro erreichen wir die Grenzlinie zwischen Kastilien und Galicien. Das üppige Grün weicht nun der spärlichen Vegetation der höheren Regionen. An der großen Kreuzung mit der neuen N-VI halten wir uns links Richtung Pedrafita do Cebreiro, um dann gleich wieder links dem Wegweiser Camino de Santiago auf die LU-634 zu folgen.

Eine grandiose Kulisse breitet sich vor uns aus. Der Blick schweift über Hochtäler von enormer Ausdehnung. Manchmal fegt hier ein grausamer Gegenwind über den Bergrücken und raubt uns die letzten Reserven. Zum Alto do Cebreiro sind wir noch gute 4 km unterwegs. Erst hier hat die Plackerei ein Ende. Gönnen wir uns erst einmal in einer gemütlichen Dorfbar einen café con leche grande oder genießen einfach nur den wunderbaren Ausblick.

**Info**

Hier in **O Cebreiro** (1293 m) scheint rein äußerlich betrachtet die Zeit stehengeblieben zu sein. Die kleinen, roggenstrohgedeckten Bauernhäuser sind in ihrer Bauweise ganz dem rauhen Bergklima angepaßt. Dicke, abgerundete Schiefermauern bieten Stürmen wenig Angriffsfläche und schaffen zudem Behaglichkeit. Einer der „pallozas" ist heute als Museum zugänglich. In dem schlichten Gotteshaus des Orts, **Santa María la Real**, ist neben der romanischen Statue Santa María la Real im rechten Seitenschiff der Kelch und das Altartuch des Cebreiro-Wunders ausgestellt. Im 14. Jahrhundert soll sich in dieser Kirche folgende Begebenheit zugetragen haben:

Ein Bauer aus dem nahegelegenen Dorf Barxamaior stieg eines Tages trotz eines heftigen Schneesturms zum Cebreiro hoch, um die Messe zu hören.

Der Zelebrant, ein Mönch, mit dessen Glauben es nicht weit her war, verachtete insgeheim den frommen Mann für das Opfer, das er auf sich nahm. Während der liturgischen Wandlung wurde die Hostie zu Fleisch und der Meßwein zu Blut und verfärbte das Altartuch . Dieses Wunders ließ den gottlosen Mönch in großer Erfurcht den rechten christlichen Weg einschlagen.

Neben der Kirche liegt der langjährige Dorfpfarrer und Pionier des Jakobswegs, **Don Elias Valiña Sampedro**, begraben. Er verfaßte den Guía del Peregrino und markierte eigenhändig lange Strecken des Pilgerwegs.

Auf der LU-634 setzen wir unsere Fahrt fort. Am Hang des Pozo de Aréa entlang haben wir noch einige Steigungen zu überwinden. Vorbei an Liñares erreichen wir nach 4,5 km am Alto San Roque einen mächtigen bronzenen Pilger. Wir folgen immer dem Verlauf der Landstraße durch Hospital da Condesa, über den Porto de Poio (1335 m) nach Fonfría. Noch gute 3 km, und wir können endlich unsere Räder bis Triacastela laufen lassen. Genug für heute!

Keine der drei Burgen, die **Triacastela** ihren Namen gaben, hat die Zeit überdauert. Auch die **Santiago-Kirche** (18. Jh.) ist nur die Rekonstruktion der früheren romanischen Kirche. Im Umland von Triacastela liegen einige Kalksteinbrüche, in denen man den zum Kathedralenbau in Santiago de Compostela benötigten Kalk gewann. Gar nicht dumm war die Idee, den bußwilligen Pilgern Steine aufzupacken, die sie erst bei den Kalköfen im 80 km entfernten Castañeda abwerfen durften. Aber auch sonst ging man in Triacastela nicht unbedingt zart mit den Wallfahrern um. Aufmüpfige Pilger wurden kurzerhand in den Pilgerkarzer gesteckt. Die Wandkritzelein der Gefangenen sind noch heute an den Mauern zu sehen.

Pilgerdenkmal Pedrafito do Cebreiro

**12**

# Triacastela - Samos - Sarria - Portomarín

Das dichte Grün Galiciens verleiht der Landschaft einen einzigartigen Zauber. Unvermittelt fällt der Weg in ein Flußtal, in dessen Mitte auf einem Podest der noble Bau des Klosters Samos thront. Aus den Zäunen der Gärten und Wiesen werden Mauern, aus den geschichteten Mauern aufrecht gestellte Steinplatten. Und in den über die Landschaft gewürfelten, abgeschieden Dörfern scheint die Zeit stehengeblieben zu sein.

**Alternativroute**: Das ständige Auf und Ab auf der wenig befahrenen Landstraße ringt einem noch einige Kondition ab. **Camino**: Von Triacastela bis Sarria sind Camino und Alternativroute identisch. Ab Sarria radelt man auf idyllischen Pfaden durch Zauberwälder, einsame Dörfchen, überwachsene Hohlwege. Dort wo Bäche den Weg überspülen, kann es schon vorkommen, daß man sein Rad über große Steinplatten schieben muß. Über Stock und Stein, bergauf und bergab, ist diese Etappe sicher sehr kräftezehrend. Jedoch offenbart sich vor allem auf dem Camino die einzigartige und abwechslungsreiche Landschaft Galiciens in beeindruckender Art und Weise. Zahlreiche, am Weg plazierte Caminosteine und die darauf vermerkten Ortsnamen helfen, bei den teilweise ineinander übergehenden Weilern den Standort zu bestimmen.

 **Samos:** einfaches Refugio im Klostergebäude, keine Küche (68 Pl.); **Sarria:** nette, gut ausgestattete Herberge mit Küche, nähe Santa Marina Kirche (40 Pl.); **Barbadelo:** Gemeindeherberge mit Küche (18 Pl.); **Ferreiros:** funktionale Herberge mit Küche(20 Pl.); **Portomarin:** Bau des neuen Refugios soll Mai 2005 abgeschlossen sein, sieht vielversprechend aus, bis Eröffnung Ersatzunterkunft nebenan.

 **Samos**: *Hotel Residencia A Veiga, Ctra. Sarria-Pedrafita, Tel. (982) 54 60 52; *Hostal Residencia Victoria, Salvador, 3, Tel. (982) 54 60 22; **Sarria**: ***Hotel Alphonso IX., Rúa do Peregrino, 29, Tel. (982) 53 00 05; **Hotel Villa de Sarria, Benigno Quiroga, 49, Tel. (982) 53 38 37; **Hostal Londres, Calvo Sotelo, 153, Tel. (982) 53 24 56; **Portomarín**: ***Hotel Pousada de Portomarín, Avda. de Sarria, s/n, Tel. (982) 54 52 00; **Hostal Residencia Meson Rodríguez, Fraga Iribarne, 6, Tel. (982) 54 50 54; Pension Arenas, Plza. Conde Fenosa, 5, Tel. (982) 54 53 86;

 **Portomarin:** La Casona de Alvarado, Santa Mariña, Tel. (982) 50 00 83

*Sarria:* Dos Ruedas, Plaza de Galicia, 41 Tel. (982) 53 35 22;
*Portomarin:* Vicás (Werkstatt für Landmaschinen- und Fahrrad-reparatur - wenig Ersatzteile), C. Sánchez Carro, 19,
Tel. (982) 54 50 26

 **Alternativroute:** San Cristobo 4,5 km - Renche 6,0 km - San Martino 8,7 km - Samos 10,5 km - Sarria 21,8 km - Paradela 38,4 km - Castro 42,2 km - Portomarín 49,3 km.
*Camino*: San Cristobo 4,5 km - Renche 6 km - San Martino 8,7 km - Samos 10,5 km - Sarria 21,8 km - Barbadelo 27,2 km - Cortiñas 32,7 km - Morgade 35,2 km - Mirralos 37 km - Moimentos 40 km - Parrocha 42,4 km - Portomarín 46,4 km.

## Wegbeschreibung: Alternativroute/Camino

Unser Weg verläuft nach Triacastela weiter auf der LU-634 bis Samos. Hinter Triacastela überqueren wir den Rio Ouribio und fahren an den kleinen, in der üppig grünen Hügellandschaft Galiciens gelegenen Dörfern San Cristobo (hier macht der Pilgerweg einen kurzen Schlenker weg von der Landstraße; wir bleiben auf der LU-634), Lusio, Renche, und San Martino vorbei. Gute 10 km hinter Triacastela erreichen wir das fast die gesamte Flußaue des Ouribio einnehmende Kloster San Julián de Samos.

**Info** **San Julián de Samos** wurde bereits im 7. Jahrhundert gegründet und gilt somit als eines der ältesten Klöster Spaniens. Trotz vorübergehender Auflösung und etlichen Bränden ist der jetzige, gewissenhaft restaurierte gewaltige Barockbau (16.-18. Jh.) immer noch beeindruckend. Besonders sehenswert sind die beiden Kreuzgänge. (Öffnungszeiten: 10 -13 h u. 16.30 -18 h)

Wir folgen der LU-633 Richtung Sarria. Immer wieder bergauf und bergab lassen wir einige kleine Weiler am Weg liegen, bis wir nach gut 11 km die Kreisstadt Sarria erreichen. In Sarria trennen sich Camino und Alternativroute wieder.

**Info** Die Kreisstadt **Sarria** geht auf die römische Siedlung Flavia Lambrio zurück. Der alte Kern der Stadt erstreckt sich über eine Anhöhe, auf der sich noch die Reste einer Burg finden. Entlang der Altstadtstraße Calle Mayor stößt man auf die **Kirche Santa Maria** und weiter oberhalb auf die **Pfarrkirche Del Salvador** (11.-12. Jh.). Im oberen Teil der Stadt befindet sich das **Kloster De la Magdalena**, das im 13. Jahrhundert vom Johanniterorden zur Pilgerbetreuung gegründet wurde.

## Wegbeschreibung Alternativroute ab Sarria:

Am Ortseingang von Sarria biegen wir an einem Pilger-Verkehrsschild nach links ab (Einbahnstraße!) und folgen immer dem Verlauf der Straße, bis wir jenseits der Flußbrücke an einem Stopschild erst rechts und dann sofort wieder links abzweigen. Nach wenigen Metern kommen wir an Stufen, umfahren diese rechts und treten dann kräftig nach links bergauf an der Kirche Santa Marina vorbei bis zur Jesuiten-Kirche Santa Mision. Hier halten wir uns rechts, passieren ein schönes altes Steinkreuz und nehmen vor dem Friedhof links die steile, kurze Abfahrt. Vorbei an der kleinen Ponte Aspera gelangen wir zur C-535, der wir nach links folgen. Ein kilometerlanger Anstieg führt uns aus der Talsenke von Sarria. Durch das von kleinen Bauminseln durchsetzte Weideland geht es dann im ständigen Auf und Ab bis Paradela. Hinter Castro erwartet uns eine rasante Abfahrt bis zum Stausee Belesar. Wir überqueren den Rio Miño, kommen an einem Rechts-Abzweig zu den nahegelegenen Ruinen des Klosters Santa María de Loyo (12. Jh.) vorbei und halten uns links über eine weitere Brücke Richtung Portomarín. Unmittelbar nach der Brücke folgen wir den Pfeilen nach rechts bergauf und gelangen zum Refugio.

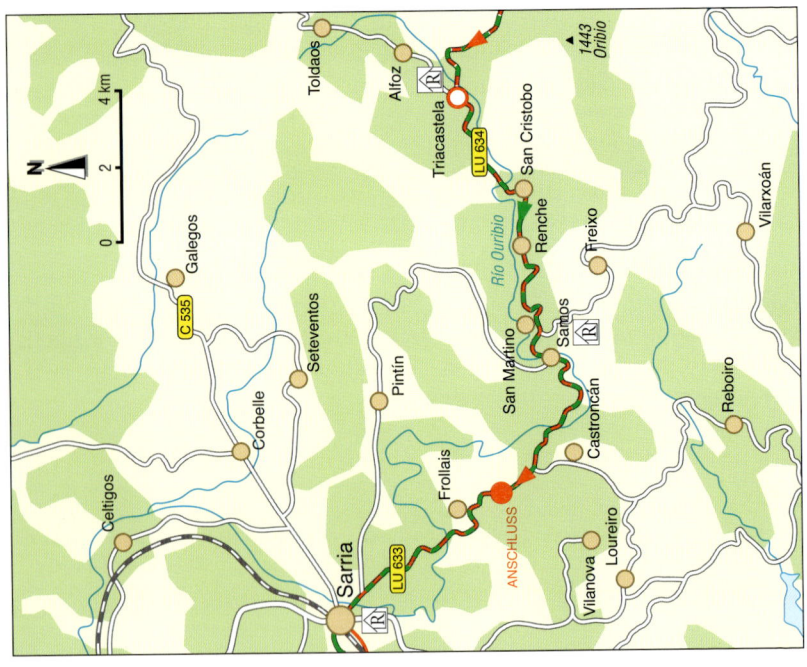

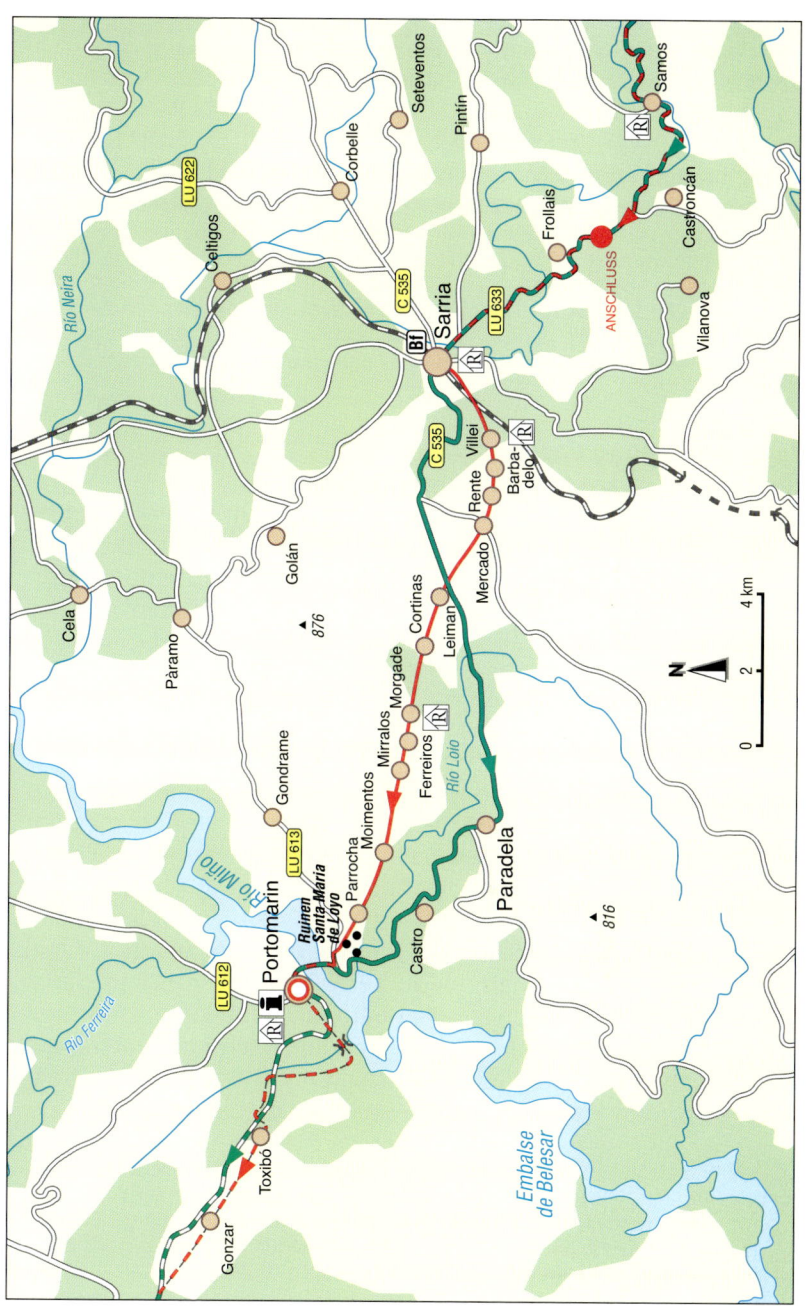

Samos

Seteventos

Pintin

Corbelle

LU 622

Frollais

Castroncán

Celtigos

Río Neira

C 535

Vilanova

Sarria

LU 633

ANSCHLUSS

Bf

C 535

Villei

Barba-delo

Rente

Golán

876

Cortinas

Mercado

Cela

Páramo

Leimán

4 km

N

Morgade

2

Mirralos

Río Loio

Gondrame

Ferreiros

Moimentos

LU 613

Parrocha

Paradela

Río Miño

Ruinen
Santa-Maria
de Loyo

Castro

816

Portomarín

LU 612

Río Ferreira

Embalse
de Belesar

Toxibo

Gonzar

**Portomarín** präsentiert sich heute ungewollt modern. Der historische Ort versank in dem in den 60er Jahren aufgestauten Rio Miño. Nur wenige Gebäude, darunter die Kirche San Nicolás, wurden Stein für Stein abgetragen und 50 m höher wieder aufgebaut. In Trockenzeiten ragt der Ruinenbogen der mittelalterlichen Brücke des alten Orts aus dem Stausee. **San Nicolás** (13. Jh.) ist der heutige Mittelpunkt des neuen Ortes. Da sie einst ein Ordenshaus der Johanniter war, wird sie oft auch schlicht San Juan genannt. Mit ihren Zinnen und Türmchen repräsentiert dieses einzigartige Bauwerk die militärische Macht des reichen Kreuzritterordens, der sich u. a. auch die Pilgerbetreuung zur Aufgabe gemacht hatte. Bemerkenswert ist der Figurenschmuck ihrer Portale und der hohe, schlichte Innenraum. Vor den Wassermassen rettete man außerdem noch die romanische **Kirche San Pedro** (12. Jh.). An die untergegangene Kirche Santa María de las Nieves soll die Kapelle Virgen de las Nieves, die auf einem versetzten Bogen der alten Brücke (gleich am Ortseingang) errichtet wurde, erinnern.

## Wegbeschreibung Camino:
## Triacastela bis Sarria siehe Alternativroute

Am Ortseingang von Sarria biegen wir an einem Pilger-Verkehrsschild nach links ab (Einbahnstraße!) und folgen immer dem Verlauf der Straße, bis wir jenseits der Flußbrücke an einem Stopschild erst rechts und dann sofort wieder links abzweigen.

**Sarria:** s. S. 125

Nach wenigen Metern kommen wir an Stufen, umfahren diese rechts und treten dann kräftig links bergauf an der Kirche Santa Marina vorbei bis zur Jesuiten-Kirche Santa Mision. Hier halten wir uns rechts, passieren ein schönes altes Steinkreuz und nehmen vor dem Friedhof links die steile, kurze Abfahrt. Wir fahren links über die kleine Ponte Aspera und gelangen auf einen gut befahrbaren Pfad. Am ersten Bahnübergang halten wir uns geradeaus und überqueren die Bahnlinie dann 800 m weiter. Nach einem kleinen Holzsteg geht es auf einem wild überwucherten Hohlweg durch einen romantischen Laubwald steil bergauf. Bald kommen wir auf einen Schotterweg und folgen in Vilei dem Weg nach rechts auf eine Asphaltstraße. Kurz nach Vilei halten wir uns an einer Weggabel rechts und kommen zum Refugio von Barbadelo.

Die Pfarrkirche von **Barbadelo** ist ein schönes Beispiel der galicischen Romanik. Sie war wohl ursprünglich Bestandteil eines Klosters, von dem heute nichts mehr erhalten ist. Lediglich Urkunden aus dem 9. Jh. und die Bezeichnung für diese Gegend, Mosteiro (von Monasterium), weisen auf seine frühere Existenz hin.

Wir bleiben auf der Teerstraße. Nach einem knappen Kilometer macht der Weg einen Schlenker durch Rente (lohnt sich nicht). Weiter auf der Asphaltstraße durch das idyllische Tal des Celeiro kreuzen wir nach 700 m in Mercado da Serra eine weitere Nebenstraße und folgen dann einem Feldweg. An einem "Pilgerswimmingpool" nehmen wir die linke Weggabel und orientieren uns immer an den markant aufgestellten Caminosteinen. Wir überqueren die N-535 und folgen der Teerstraße Richtung Petruscallo/Domiz durch Leimán bis nach Cortiñas. Über Steinplatten verlassen wir den Ort und biegen nach links auf einen schmalen Sandweg. 500 m weiter, in Lavandeira, halten wir uns an einer Weggabel bei einer alten knorrigen Buche rechts bergauf durch Steinmauern. Bald kämpfen wir uns auf einem steinigen Pfad bergauf, bergab nach Morgade.

Eine kurze Stärkung im kühlen Innenhof der Dorfbar ist immer drin, bevor wir nun des öfteren unser Rad über die von einem Bach überspülten Wegstücke tragen oder schieben. Nach 1,1 km passieren wir Ferreiros (egal ob links oder rechts), dann bergab auf einer Asphaltstraße, vorbei an der Kirche und dem Friedhof von Mirallos. 300 m weiter fahren wir links in den Ort, halten uns hier rechts und kommen nach Pena.

Der Camino zweigt erneut rechts auf einen beschwerlichen Pfad ab. In Moimentos kreuzen wir eine Asphaltstraße, fahren nach 100 m rechts ein kurzes Stück auf Teer weiter und biegen dann links auf einen sandigen Weg ab. Durch Cotarelo Mercadoiro und nach etwa 1,6 km Augen auf, um den nächsten Abzweig nicht zu verpassen! Wir biegen scharf nach links und sofort wieder rechts ab. Wir erreichen Parrocha, verlassen die Teerstraße und rollen nach Vilacha. Nach dem Ort halten wir uns rechts, kommen auf eine steile asphaltierte Straße, die bald auf die LU-613 trifft. Wir fahren links Richtung Portomarin, überqueren den Belesar-Stausee, folgen den Pfeilen ins Zentrum von Portomarín und gelangen direkt zum Refugio.

**Portomarín:** s. S. 128

# 13

# Portomarín - Palas de Rei - Arzúa

Hinter Portomarín steigt der Weg in die farbenprächtige Heidelandschaft der Sierra Ligonde, um sich dann wieder durch schattige Waldinseln und ursprüngliche Weiler zu schlängeln. Erstaunlich
bleibt, warum die Zeugnisse der Kunst und des Glaubens auf den
letzten Wegstrecken eher weniger werden, anstatt sich zu meh-
ren. Möglicherweise weil dieser herbschöne Landstrich seit jeher
ein Bauernland ist.

## Toureninfos

 *Alternativroute*: Hinter Portomarín erwartet uns ein langge-
zogener Anstieg auf der wenig befahrenen Landstraße. Weiter radelt man über stille Nebenstraßen und zahllose Hügel
bis Arzúa. Lediglich wenige Kilometer vor und nach Palas de
Rei legt man auf der verkehrsreicheren N-547 zurück.
*Camino*: Bis Ventas de Narón führt der Camino über mehr
oder weniger steinige Pisten, immer wieder bergauf, meist
nahe der C-535. Ab Ventas de Narón präsentiert sich Galicien
auf dem Camino wieder von seiner schönsten Seite. Auf einer
abgeschiedenen Teerstraße geht es fast bis Palas de Rei und
weiter auf mehr oder weniger problemlos befahrbaren
Wegen bis Arzúa.

 *Gonzar:* funktionelle Herberge (20 Pl.); *Hospital da Cruz/Ventas
de Narón:* funktionelle Herberge; *Airexe:* funktionelle Herberge
(20 Pl.); *Palas de Rei:* komfortable Herberge mit Küche (56 PL.) !
nehmen evtl. keine Radfahrer in Hauptsaison!, *San Xulián:* nettes
privates Haus „O Abrigadoiro", keine Küche, dafür Essensangebot
(16 Pl.); *Casanova:* renovierte Herberge mit Küche (20 Pl.);
*Melide:* gr. Herberge mit Küche, zeitweise ungepflegt ( 130 Pl.);
*Ribadiso:* grosszügige Anlage mit mehreren Häusern, romantisch
am Fluss gelegen, aber einsam -Verpflegung mitbringen! (62 Pl.);
*Arzúa:* angenehmes Refugio mit Küche (in Hochsaison evtl.
Küche nur als Schlafsaal zu benutzen) (46 Pl.+)

Holper-Partie bei Leboreiro

**Palas de Rei:** * Hostal Vilariño, Avda. De Compostela, 16,
Tel. (982) 38 01 52; Pension Barcelona, Avda. Compostela, 39,
Tel. (982) 37 41 14; **Melide:** *Hotel Carlos, Avda. Lugo, 119,
Tel. (981) 50 76 33; **Hostal Xaneiro II, Avda. De La Habana,
43, Tel. (981) 50 61 40; **Arzúa:** **Hotel Suiza, Ctra. Santiago,
Tel. (981) 50 08 62; *Hostal Meson do Peregrino, Ramón Franco,
7 Tel. (981) 50 08 30; Pension Rua, C. Lugo, 130,
Tel. (981) 50 01 39

 **Palas de Rei:** Recambios Freire, Avda. De Lugo,
Tel. (982) 38 00 65; **Melide:** Motos e Biciclettas I. Rua, Avda. De
Lugo, 14, Tel. (981) 50 52 03; **Arzua:** Ciclos Fidalgo, Calle
Santiago, 47, Tel. (981) 50 07 71 (Rad - Laden Arzua unter
Vorbehalt!)

**km** **Alternativroute:** Toxibó 5 km - Gonzar 8,1 km - Castromaior
8,9 km - Hospital de la Cruz/Ventas de Narón 11,9 km - Ligonde
16,1 km - Airexe 17,5 km - Rosario 23,2 km - Palas de Rei 24,8
km - Carballal 27 km - Coto 37,2 km - Melide 41,7 km - San
Martino 49,9 km - Arzúa 62,6 km.
**Camino:** Toxibó 4 km - Gonzar 7,7 km - Castromaior 8,7 km -
Hospital de la Cruz/Ventas de Narón 11,6 km - Ligonde 15,8 km
- Airexe 17,2 km - Rosario 23,4 km - Palas de Rei 24,8 km -
Carballal 26,8 km - San Xulián do Camiño 28,3 km - Pallota
29,4 km - Casanova 30,7 km - Campanilla/Coto 33 km -
Leboreiro 34,5 km - Furelos 38,3 km - Melide 39,3 km - Raido
43,3 km - A Peroxa 45,4 km - Castañeda 47,8 km - Pedrido/Rio
48,9 km - Ribadiso 51,5 km - Arzúa 54,1 km

**Wegbeschreibung Alternativroute:**
Wir fahren zurück zur Brücke über den Rio Miño und folgen dem Zu-
bringer zur C-535/LU-633 rechts bergauf. An der Abzweigung nach
Lugo folgen wir dem Verlauf der Straße. Stetig bergauf ziehen wir
durch die farbenfrohe Heidelandschaft. Vorbei an den Dörfern Toxibó,
Gonzar und Castromaior kommen wir auf Höhe von Hospital de la
Cruz zur Straßengabel Orense/Lugo. Wir wählen den mittleren Weg
Richtung Hospital und biegen nach wenigen Metern links auf ein

schmales Teersträßchen ab. Wir kommen nach Ventas de Narón und radeln dann sanft bergauf zur Sierra de Ligonde.

Nach den Weilern Prebisa, Lameiros und Ligonde, wo wir ein altes Kreuz links am Weg sehen, senkt sich der Weg in die Bachaue des Ligonde. Anschließend geht es wieder leicht bergauf nach Airexe. Hinter Airexe treffen wir auf eine weitere Nebenstraße und fahren geradeaus Richtung Palas de Rei. Nach 1 km kommen wir bei der Bar „Casa Cazal"an den ausgeschilderten Abzweig zu der sehenswerten Kirche von Vilar de Donas.

**Tipp**

Der **Abstecher** zur 2,5 km entfernten romanischen Kirche von **Vilar de Donas** lohnt sich allemal. Das kleine Gotteshaus gehörte ursprünglich zu einem Kloster des Santiago-Ordens, das 1184 erbaut wurde. Zarte Fresken schmücken die Apsis. Neben Verkündigung und Auferstehung überraschen die Portraits zweier adeliger Damen (Donas). Die an die Wände gelehnten Steintafeln stammen von Rittergräbern des Santiago-Ordens. Von außergewöhnlicher Schönheit ist auch das Portal mit seinen verzierten Archivolten und Kapitellen sowie der Vorbau. Über dem Vordach erheben sich der Erzengel Michael, der Hl. Bartholomäus und die Hl. Jungfrau mit Kind (Von Vilar aus folgt man der N-547 bis Palas de Rei).

Wer es eilig hat, radelt weiter auf der malerischen Straße durch diese ländliche Idylle, vorbei an Lestedo, Valos und Remollón, Mamurria bis zur N-547 Richtung Santiago. Weiter auf der N-547, vorbei an Rosario, erreichen wir nach wenigen Kilometern Palas de Rei.

**Info**

Obwohl man versucht ist, bei **Palas de Rei** an eine königliche Residenz zu denken, handelt es sich um einen geschichtlich eher unbedeutenden Ort. In Aymerics mittelalterlichem Pilgerführer findet das Städtchen dagegen besondere Erwähnung, wobei in diesem Fall alles andere als ein spiritueller Hintergrund ausschlaggebend war. Nämlich daß die Dienstmägde der Wirtsleute von Palas de Rei, welche „aus Spaß an der Verführung und auch um Geld zu verdienen, nachts, auf Eingebung des Teufels, in die Betten der Pilger zu steigen pflegen, überaus tadelnswert sind."

Wir folgen der N-547 durch Palas de Rei. Bei Carballal biegen wir links ab Richtung Curvian/Castello de Pambre. Die ruhige Nebenstraße führt uns nun im steten Auf und Ab durch knorrige Wälder, verschachtelte Wiesengründe und namenlose Dörfchen. An der ersten Weggabel halten wir uns links bergauf, an der nächsten rechts Richtung Melide und folgen beim Abzweig nach Pambre geradeaus dem Verlauf der Straße. An einem für die dörfliche Gegend recht herrschaftlich wirkenden Steinhaus halten wir uns links, nach 400 m erneut links und kommen über eine kleine Brücke.

Wir radeln durch einen Weiler mit einer erstaunlichen "Kirche" (ein überdachtes, mit allerlei Werkzeugen, Lanzen, einer Dornenkrone und einem Totenkopf geschmücktes Holzkreuz). Wir durchfahren ein weiteres Dorf, folgen dann in Coto dem Pilgerpfeil auf die Hauptstraße Richtung Melide. Weiter auf der N-547 erreichen wir Melide.

Bereits im Mittelalter besaß **Melide** große Bedeutung. Der Pilgerweg kreuzte sich hier mit einigen in Nord-Süd-Richtung verlaufenden Handelswegen. Schöne alte Adelshäuser in dem sich rechts von der großen Kreuzung erstreckenden historischen Ortskern zeugen von dieser Zeit. Am Ortsausgang gelangt man in das Viertel Santa María de Melide, das um die gleichnamige Kirche (15. Jh.) entstanden ist. Ihr Inneres birgt bemerkenswerte Wandmalereien.

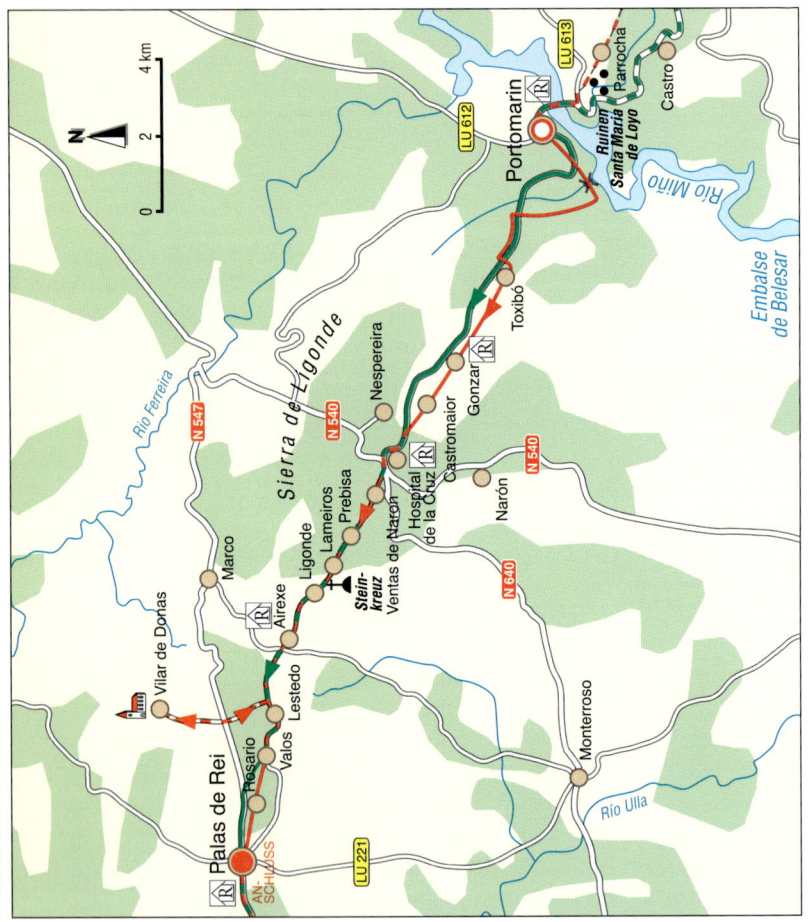

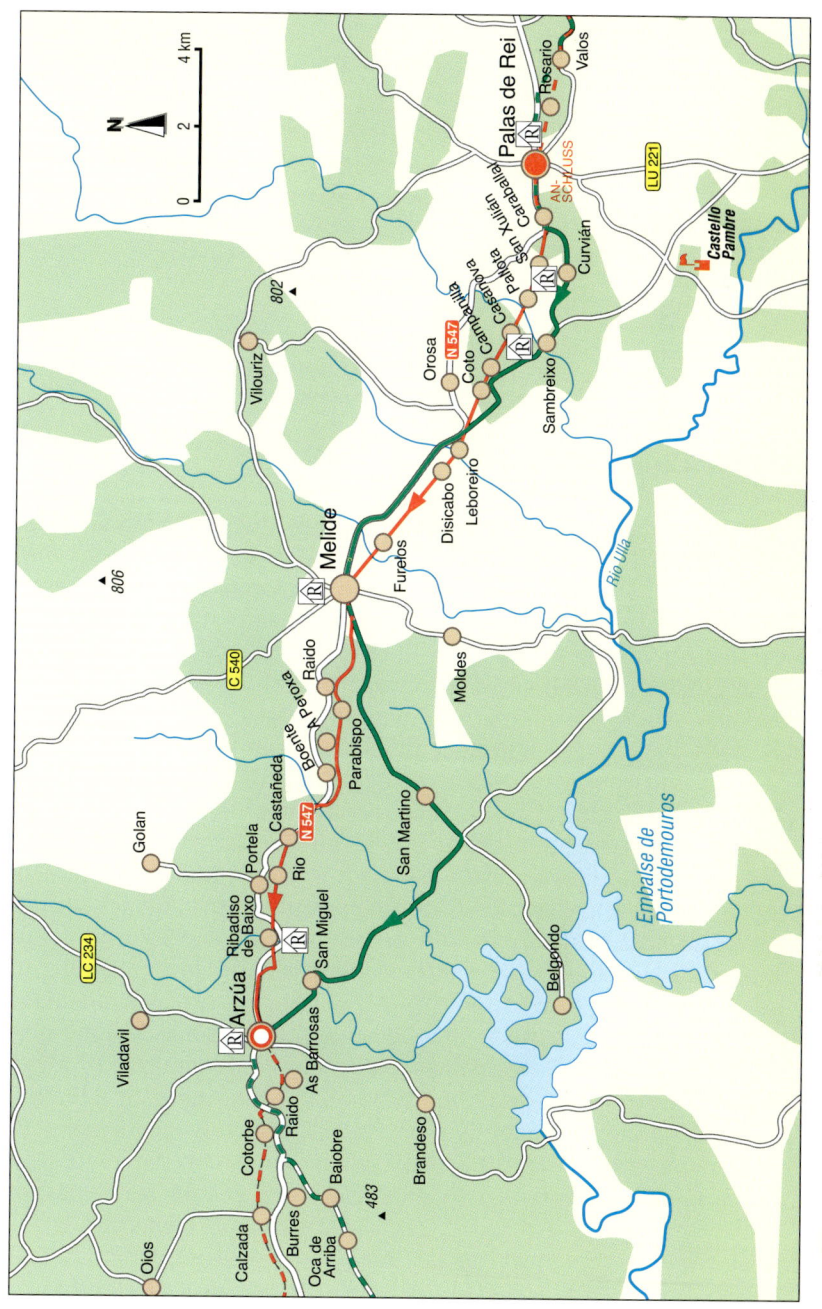

Palas de Rei
Rosario
Valos
AN-SCHLUSS
San Carabellal
San Xulián
Palleo
Casanova
Calzadilla
N 547
Orosa
Coto
Curvián
LU 221
Castello Pambre
Sambreixo
Disicabo
Leborejo
Fuelos
Melide
Moldes
Raido
C 540
A Peroxa
Boente
Parabispo
Castañeda
N 547
San Martino
Río
Portela
San Miguel
Golan
Ribadiso de Baixo
Arzúa
Belgorido
Embalse de Portodemouros
Río Ulla
LC 234
Viladavil
As Barrosas
Brandeso
Olos
Calzada
Cotorbe
Burres
Raido
Oca de Arriba
Baiobre
483

N
0 2 4 km

135

Geradeaus über den Kreisverkehr (Pfeile führen zum Refugio) biegen wir 700 m weiter links Richtung San Martino ab. Wir durchfahren den Ort, vorbei an Kirche und Friedhof, und kommen durch ein weiteres Dorf. Ohne Nebenwege zu beachten, stets der Nase nach, folgen wir der Straße. An einer Kreuzung zweigen wir rechts Richtung Arzúa ab, erreichen San Miguel und sehen schon unser Etappenziel. In Arzúa angelangt folgen wir links der N-547. Das Refugio finden wir links der Hauptstraße an der Kapelle.

**Wegbeschreibung Camino:**

Auf dem Weg aus Portomarín fahren wir an San Nicolás vorbei, rollen zur Hauptstraße, folgen dieser für ein kurzes Stück nach links und fahren dann rechts über einen Seitenarm der Talsperre vom Belesar-Stausee. Bergauf auf einem Forstweg, dann gottlob wieder eben kreuzen wir an einer Keramik-Fabrik die C-535 und nehmen den Kiesweg, der parallel zur Landstraße verläuft. Kurz vor Toxibó wechseln wir auf die linke Straßenseite auf einen steinigen Pfad. Im Ort können wir ein besonders schönes Exemplar der typischen galicischen Kornspeicher (hórreos) bewundern. Frei steht er vor der weiten Felderlandschaft.

1,5 km radeln wir auf einem Feldweg, kommen dann zur C-535 und folgen dem Feldweg links der Straße bis Gonzar. Unmittelbar nach dem Ort links auf einen Weg, der nach wenigen Metern nach rechts auf eine Piste abzweigt. Bei Castromaior treten wir auf einer Asphaltstraße kräftig bergauf, treffen erneut auf die C-535 und fahren wieder parallel zu dieser, bis es links bergab nach Hospital de la Cruz geht. Nach der Ortsdurchfahrt treffen wir auf die große Straßenkreuzung der N-540 mit der C-535. Wir überqueren die N-540 auf einer Brücke und nehmen die schmale Nebenstraße gegenüber. Wir kommen nach Ventas de Narón und radeln dann sanft bergauf auf die Sierra de Ligonde. Nach den Weilern Prebisa, Lameiros und Ligonde, wo wir ein altes Kreuz links am Weg sehen, senkt sich der Weg in die Bachaue des Ligonde. Anschließend geht es wieder leicht bergauf nach Airexe. Hinter Airexe kreuzen wir eine weitere Nebenstraße. Gut 1 km weiter kommen wir bei der Bar "Casa Cazal" an den ausgeschilderten Abzweig zu der sehenswerten Kirche von Vilar de Donas.

**Vilar de Donas:** s. S. 133

Wer es eilig hat radelt weiter auf der malerischen Straße durch die ländliche Idylle von Lestedo, Valos und Remollón Mamurria. Kurz bevor wir auf die N-547 treffen nehmen wir links den parallel verlaufenden Weg. Eine Pflasterstraße bringt uns durch Rosario und vorbei an einem Sportplatz nach Palas de Rei.

**Palas de Rei:** s. S. 133

Nach dem ersten Haus halten wir uns rechts, ignorieren den Pfeil nach links zur Kirche und fahren rechts bergab zur Hauptstraße, der wir nach links durch das Städtchen bis Caraballal folgen. An einer Parkbucht auf der gegenüberliegenden Straßenseite zweigt ein Hohlweg ab, der uns bergab auf einen Pfad führt. 700 m weiter treffen wir auf eine Asphaltstraße, fahren rechts und nach wenigen Metern links auf einen Kiesweg. Wir erreichen San Xulián do Camiño und biegen nach den ersten beiden Häusern nach links auf eine Teerstraße ab. An einer Kreuzung endet die Asphaltstraße. Es geht geradeaus auf einem Feldweg weiter nach Pallota.

Wir durchqueren den Ort, über ein kurzes Pflasterstück kommen wir auf einen Kiesweg der uns nach Casanova führt. 200 m nach dem Refugio von Casanova nehmen wir die rechte Weggabel und fahren anschließend links auf einen von Hecken gesäumten Feldweg. In einem breiten Wiesental überqueren wir den Pambre und gelangen nach Campanilla. Von dort aus kommen wir auf einen Zubringer der N-547 (hier auch Abzw. zum Castillo de Pambre). Wir fahren einige Meter auf der N-547 und verlassen diese wieder auf einem steinigen Weg, der uns nach Leboreiro bringt. Über eine kleine Spitzbogenbrücke verlassen wir den Ort und sind gleich in Disicabo zu. Nach dem Ort wählen wir die linke Weggabel, die uns auf einen nahe an der C-547 verlaufenden, pappelgesäumten Weg bringt. Vorbei an einem großen Werksgebäude bleiben wir stets auf der langweiligen Piste, bis wir auf einen schattigen Waldweg stoßen, der in das wildromantische Furelos führt. Rechts über die mittelalterliche Ponte Velha durchqueren wir den Ort auf einer Pflasterstraße und halten am Ortsausgang rechts auf einen festen Kiesweg zu. Nun sehen wir auch schon das knapp 1 km entfernte Melide vor uns.

**Melide:** s. S. 134

Durch Melide folgen wir der ausgezeichneten Markierung. 700 m nach dem Kreisverkehr zweigen wir nach links Richtung San Martino ab und halten uns nach wenigen hundert Metern rechts, vorbei am Friedhof und der Capilla de Carmen. An den folgenden Weggabelungen orientieren wir uns stets an den Camino-Steinen. In einem dichten Eichen- und Eukalyptuswald überqueren wir einen Bach auf einem Steinsteg und kommen bei Raido wieder für ein kurzes Stück zur C-547. Nach einer Telefonzelle fahren wir links von der Hauptstraße weg und kommen in Parabispo zu einer Teerstraße. 200 m weiter zweigen wir auf einen sandigen Weg ab und rollen vorbei an A Peroxa nach Boente.

Am Ortsausgang fahren wir durch einen Tunnel unter der C-547 durch und über einen bissigen Anstieg links auf die alte C-547 bis Castañeda. An dem Abzweig Rio/Pomar/Doroña halten wir uns links und fahren dann nach wenigen Metern geradeaus bergab nach Pedrido und Rio. Jenseits des Ribeiral bezwingen wir einen mit Eukalyptusbäumen bepflanzten Hügel und überqueren die C-547 auf einer Brücke. 200 m weiter kreuzen wir eine Teerstraße und fahren auf einem teilweise sehr steilen Schotterweg bis Ribadiso de Baixo und de Riba. Das direkt in der Bachaue des Iso gelegene ehemalige Hospiz, das letzte, das am Pilgerweg noch in Betrieb war, ist sehr liebevoll restauriert und als Herberge eingerichtet worden. Dieses gemütliche Refugio bietet sich als wunderbare Übernachtungsalternative zu dem 1,6 km entfernten Arzúa an..

Weiter nach Arzúa geht es gleich hinter dem Refugio von Ribadiso über einen steilen Anstieg zur N-547. Wir fahren rechts von der Landstraße auf einem Schotterweg weiter. Nach einem weiteren kurzen, aber bissigen Anstieg biegen wir rechts auf die N-547, der wir bis Arzúa folgen.

**Arzúa:** s. S. 136

Galizischer Kornspeicher (Horeo)

## 14

# Arzúa - Santiago de Compostela

A Santiago! Es ist eigenartig: seit die Grenze Galiciens überschritten ist und das Ende der weiten Reise von Kilometer zu Kilometer näher rückt, klammert die Phantasie sich nur noch an das Ankommen - beinahe achtlos bringt man das letzte Stück hinter sich, so sehr nimmt einen die Spannung auf das langersehnte Ziel gefangen. Und tatsächlich, Santiago de Compostela übertrifft mit seiner unvergleichlichen Atmosphäre unsere kühnsten Erwartungen.

**Alternativroute**: Die von uns gewählte Alternativroute entfernt sich vom Camino de Santiago. Zu ernüchternd wäre die letzte Etappe auf der extrem stark frequentierten N-547. Das Ziel der weiten Pilgerreise schon in greifbarer Nähe, können wir ohne großen Besichtigungsstreß (es gibt wirklich nichts zu sehen!) noch einmal zurückblicken auf unseren Weg und uns einstimmen auf die Ankunft in Santiago. Immer wieder zäh bergauf, aber noch mehr bergab radelt man durch schattige Wälder, abgeschiedene Dörfer auf der ruhigen LC-240 bis Amenal. Nur etwa 6 km folgt man der verkehrsreichen N-547. Ab Lavacolla bringt uns der geteerte Pilgerweg bis Santiago.

**Camino**: Das letzte Stück des Jakobswegs verläuft auf meist guten Wegen und Teerstraßen durch die hier nicht mehr so urige und unberührte Landschaft. Highlights sind auch auf dem Camino rar und somit zieht sich die Etappe gehörig in die Länge. Zahlreiche Steigungen verlieren im Schatten der Eukalyptuswälder ihren Schrecken. Fragen Sie nach unserer Meinung? Wir ziehen hier die Alternativroute wegen der abwechslungsreicheren Landschaft vor.

 **Santa Irene:** in einem ehemaligen Patrizierhaus (36 Pl.); **Arca-O Pino:** gut ausgestattete Herberge mit Küche (120 Pl.); **Monte do Gozo:** Europ. Pilgerzentrum, riesiger, unpersönlicher Komplex für Massenbetrieb-Pilgerunterbringung (800 Pl.), Bungalows, Hotel, Camping, Jugendherberge, Restaurants und Geschäfte, Tel. (981) 55 89 42; **Santiago de Compostela:** Seminario Menor, Avda. de Quiroga Palacio, oberhalb Belvís-Park (120 Pl.)

 **Santa Irene:** Pension Santa Irene, Arca, Tel. (981) 51 10 00; **O Pino:** Hotel O Pino, Rúa de Arca, 23, Tel. (981) 51 11 12; **Santiago de Compostela:** *****Parador Hostal dos reis Católicos, Plaza do Obradoiro, 1, Tel. (981) 58 22 00; **** Hotel Hesperia Compostela, Hórreo, 1, Tel. (981) 58 57 00; *** Hotel Area Central, Rúa Paris, 7, Tel: (981) 55 22 20; ** Hotel Costa Vella, Puert de le Peña, 17, Tel. (981) 56 95 30; * Hotel Avenida, Fonte de San Antonio, 5, Tel. (981) 57 80 07; ***Hostal Windsor, República de El Salvador, 16, Tel. (981) 59 29 39;

**Hostal 25 de Julio, Avda. Rodrigo de Padrón, 4, Tel. (981) 58 22 95; * Hostal Barbantes, Franco, 3, Tel. (981) 57 65 20

 **San Marcos/Monte do Gozo:** im Europ. Pilgerzentrum,Tel. (981) 55 89 42; **Santiago de Compostela:** Camping As Cancelas, Tel. (981) 58 02 66

 **Santiago de Compostela:** Rúa do Vilar, 63, Tel. (981) 55 51 29 und Praza de Galicia, Tel. (981) 58 44 00; **Pilgerbüro** (dort werden die Pilgerurkunden ausgestellt): Casa del Dean, Rúa do Vilar, Tel. (981) 55 71 92; **Internationales Reisebüro:** z.B. Viloria, Senra, 28, tel. (981) 58 79 11 oder weitere (Info über Tourismusbüro)

**Santiago de Compostela:** Busbahnhof: Praza de Camilo Díaz Baliño, Tel.(981) 58 77 00; Bahnhof: Avenida de Lugo, Tel. (902) 24 02 02 ; Flughafen: Lavacolla, Tel. (981) 54 75 00 – Air Europa Tel. (981) 59 49 50; Iberia Tel. (981) 59 75 50; Spanair Tel. (981) 54 77 70

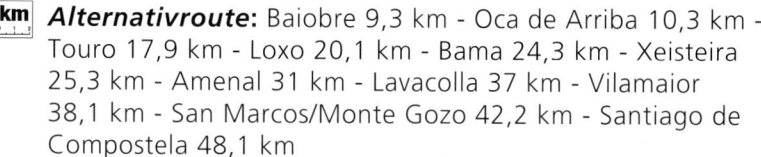 **Alternativroute**: Baiobre 9,3 km - Oca de Arriba 10,3 km - Touro 17,9 km - Loxo 20,1 km - Bama 24,3 km - Xeisteira 25,3 km - Amenal 31 km - Lavacolla 37 km - Vilamaior 38,1 km - San Marcos/Monte Gozo 42,2 km - Santiago de Compostela 48,1 km

**Camino**: Raído 2,3 km - Calle 7,7 km - Salceda 10,9 km - Sta. Irene 16,7 km - Amenal 22,5 km - Lavacolla 28,9 km - Vilamaior 31 km - San Marcos/Monte Gozo 35,1 km - Santiago de Compostela 41 km.

## Wegbeschreibung Alternativroute:

Alles hat ein Ende! Und so brechen wir heute morgen in Arzúa auf, um die letzen 48 km unserer Reise durch Nordspanien zu erobern. Wir folgen der N-547 und biegen nach knapp 4 km rechts Richtung Touro ab. Durch eine Unterführung kommen wir auf die LC-240, die uns nach Baiobre und Oca de Arriba bringt. Wir kommen nach A Muiña und folgen 600 m weiter rechts der Ausschilderung nach Touro. Nach weiteren 600 m zweigen wir nach links Richtung Touro ab. Auf den nächsten 4,2 km durchfahren wir die Ortschaften Bentin, A Santaia,

O Barral und Fonte Díaz. Geradeaus durch Touro fahren wir Richtung Bama. Immer der Nase nach passieren wir die Weiler Cruz de Mendez, A Goleta, Loxo. Über As Govitas und Torreix d. A., kommen zu einer Kreuzung und fahren rechts Richtung Bama/O Pino. Durch Bama folgen wir dem Verlauf der Straße. In Xeisteira radeln wir geradeaus über eine Kreuzung Richtung Amenal. Stets der Straße nach, durch Peireira und Alvarin, stoßen wir in Amenal auf die erbarmungslose N-547. Schluß mit lustig und unbeschwerten Dahinradeln. Die Zivilisation mit all Ihren Schrecken und Gefahren hat uns wieder. Begleitet von Fernverkehr quälen wir uns noch gute 2 km auf der Landstraße, bis wir kurz vor einem großem Kreisverkehr der Caminoausschilderung nach, links auf eine kleine Asphaltstraße abbiegen. Achtung! Die Ausschilderung nach Santiago im Kreisel führt auf die Autobahn.

Wir folgen der Straße geradeaus, ignorieren den Abzweig rechts Richtung San Paio und gelangen an einen Kreisverkehr mit einer großen Pilgerstatue. Hier geht es geradeaus Richtung Lavacolla/San Marcos. Auf der N-634 erreichen wir Lavacolla.

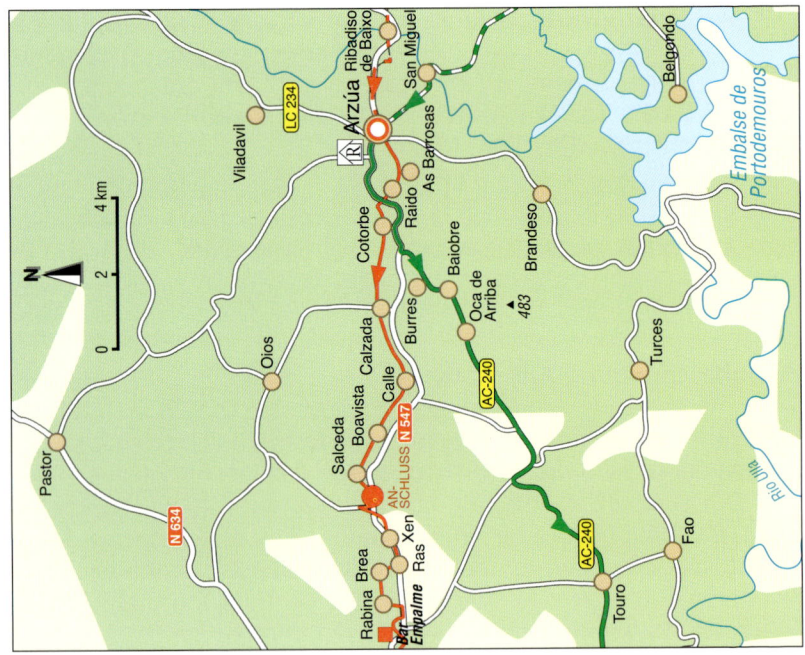

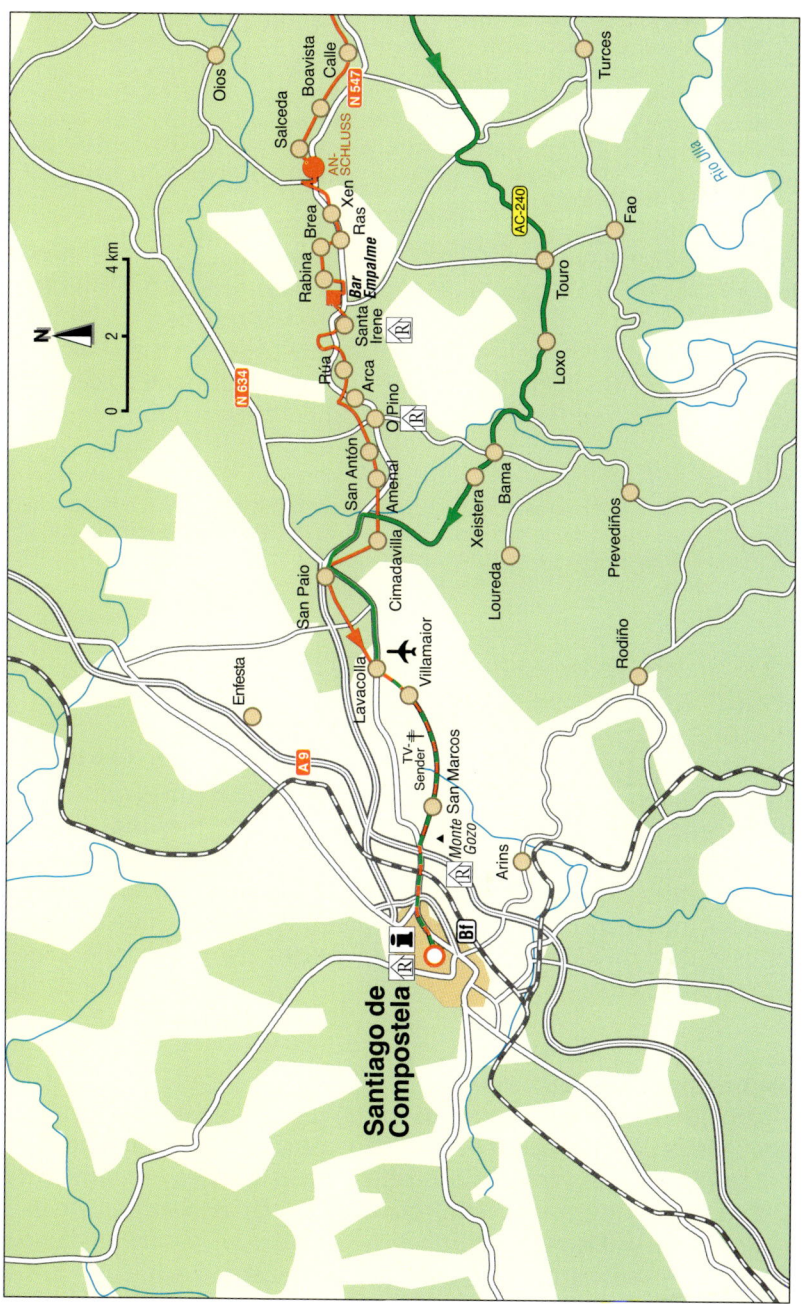

Turces

Río Ulla

Olos

Boavista
Calle
Salceda
N 547
AN-
SCHLUSS

AC-240

Fao

Xen
Brea
Ras
Rabina
Bar
Empalme
Santa
Irene
Rúa
Arca
O Pino
San Antón
Ameñal
Cimadavilla
San Paio
Lavacolla
Villamaior
TV
Sender
Monte
Gozo
San Marcos
Arins

N 634

Touro

Loxo

Bama
Xeistera
Loureda

Prevediños

Rodiño

Enfesta

A 9

Santiago de
Compostela

Bf

N
4 km
2
0

Über **Lavacolla** berichtet Aymeric in seinem Pilgerführer: "Und ein Fluß, Labacolla genannt, weil die französischen Pilger auf dem Weg nach Santiago sich in dem dichtbewachsenen Gelände, durch das er in zwei Meilen Entfernung von Santiago fließt, entkleiden und aus Liebe zum Apostel nicht nur einzelne Teile reinigten, sondern den Schmutz des ganzen Körpers abwuschen." (was nach der weiten Reise mit Sicherheit nicht geschadet hat!). Allzu wilden Ausschweifungen bei diesen Großbadetagen beugte man zeitweise mit einem Pilgerverbot für ledige und schutzlose Frauen vor.

In Lavacolla zweigen wir links Richtung Villamaior ab, 200 weiter nehmen wir die rechte Weggabel bergauf und erreichen nach 1 km den Ort. Knapp 2 km hinter Vilamaior passieren wir erst den TV-Sender Galicia und anschließend TV-Espania. Unmittelbar danach orientieren wir uns an der Ausschilderung Monte Gozo und gelangen bald nach San Marcos, das am Rande des gigantischen Pilgerzentrums Monte Gozo liegt.

Dort, wo früher Pilger beim Anblick der heiligen Stadt ehrfürchtig auf die Knie sanken, verhindert heute der riesige, die Landschaft des **Monte Gozo** (von Mons Gaudii - Berg der Freude) verschandelnde Hospizkomplex das Aufkommen großer Emotionen. Nur noch schwer kann man nachvollziehen, was die Wallfahrer vor Jahrhunderten hier empfanden.

Vorbei an dem modernen Pilgerdenkmal und der unpersönlichen Pilger-Siedlung rollen wir zur N-634 und folgen dieser nach links. Geradeaus über den Kreisverkehr radeln wir unserem langersehnten Ziel - Santiago de Compostela - entgegen. Gut 1 km nach dem Kreisverkehr folgen wir dem ersten, hier etwas unauffälligen und untypischen Camino-Verkehrsschild, nach links in die Rúa Valina. Geradeaus über eine Kreuzung Richtung Rúa San Pedro/Porta do Camino, vorbei am Cruz de San Pedro durch die Porta do Camino, die Rúa das Casas Reais, die Ruela das Animas und über die Plaza de Cervantes in die Rúa da Azevacheria zum Vorplatz der Kathedrale - der Plaza de Obradoiro.

**Wegbeschreibung Camino:**

Gegenüber der Rot-Kreuz-Wache von Arzúa queren wir die Straße, halten uns bei der Hospizkirche Sta. Magdalena rechts bergab und folgen den Pfeilen bis zum Ortsausgang. Weiter geht es nun abwärts durch Gemüsegärten und Wiesen zur Bachaue von As Barrosas. An einer Weggabel wählen wir den linken Weg. Immer wieder bergauf und bergab erreichen wir Raido, kommen anschließend durch einen Tunnel unter der N-547 durch und treten gleich für einige Meter steil bergauf. Wir überqueren eine Teerstraße und fahren nun auf Asphalt weiter. In Cortobe halten wir links auf einen Feldweg zu, der uns durch ein schattiges Waldstück führt. An dem Wasserlauf des Landrón (Diebesbach) halten wir uns links, überqueren nach einigen hundert Metern eine Asphaltstraße, kommen über Tabernavella in einen Eukalyptuswald. Dort gabelt sich der Weg wieder und wir fahren rechts nach Calzada.

Nun geht es immer geradeaus weiter bis Calle, wo wir an einer Bar einen Wasserlauf auf einem Steinsteg überwinden. Am Ortsausgang weicht der Pilgerweg für wenige Meter in einen schlammigen Hohlweg von der Teerstraße ab. Wir bleiben besser auf der Asphaltstraße, um keine nassen Füße zu riskieren. 200 m weiter kommen wir nach einer Rechts-Links-Kombination wieder zurück auf den Pilgerweg. An einem Abzweig fahren wir zunächst Richtung Suso und biegen dann links auf einen Schotterweg ab, der uns über Boavista nach Salceda bringt. Hier müssen wir für 500 m auf der N-547 weiterradeln, bis der Pilgerweg wieder rechts abzweigt.

Wir passieren einen Gedenkstein für den dort verstorbenen Pilger Guillermo Watt, queren die N-547 und fahren auf einem schattigen Waldweg nach Xen, kreuzen dort einen Zubringer zur N-547 und kommen nach Ras. Am Ortsende queren wir erneut die N-547 und gelangen über Brea nach Rabina, wo wir links auf einem Zubringer wieder auf die N-547 kommen und dieser für gut 1 km folgen. Unmittelbar hinter der Bar Empalme zweigt der Weg wieder rechts von der Hauptstraße ab. Auf einem Kiesweg halten wir uns links durch einen Eukalyptuswald, überqueren die N-547 und radeln rechts auf einer Nebenstraße zurück zur N-547. 300 m nach der Herberge von Sta. Irene verlassen wir die N-547 auf einem schattigen Waldweg, um sie bald wieder zu kreuzen.

In Rúa queren wir erneut die N-547, kommen an einer Schulsportanlage (auf der Höhe von Arca) vorbei, fahren dort rechts und nach 200 m wieder links. Hinter einem Waldstück erreichen wir San Antón. Wir durchqueren den Ort und biegen dann nach links in einen üppig überwachsenen Hohlweg ab. Wir kommen zur einer Asphaltstraße, der wir rechts bis Amenal und über die N-547 hinweg bis nach

Cimadevilla folgen. 2,2 km weiter nehmen wir kurz vor einem großen Kreisverkehr links einen Trampelpfad, überqueren später eine Landstraße und fahren rechts Richtung San Paio weiter. Am Ortsende queren wir eine weitere Landstraße und rollen bergab über einen Waldweg bis Lavacolla.

**Lavacolla:** s. S. 144

Dann hinab zum Bett des gleichnamigen Flusses und vorbei an einer Kirche und dem Friedhof, überqueren die Landstraße und fahren Richtung Vilamaior. 200 m weiter nehmen wir die rechte Weggabel bergauf und erreichen nach 1 km den Ort. Knapp 2 km hinter Vilamaior passieren wir erst den TV-Sender Galicia und anschließend TV-Espania. Unmittelbar danach orientieren wir uns an der Ausschilderung Monte Gozo und gelangen bald nach San Marcos, das am Rande des gigantischen Pilgerzentrums Monte Gozo liegt.

**Monte Gozo:** s. S. 144

Vorbei an dem modernen Pilgerdenkmal und der unpersönlichen Pilgersiedlung rollen wir zur N-634. Geradeaus über den Kreisverkehr radeln wir unserem langersehnten Ziel - Santiago de Compostela - entgegen. Gut 1 km nach dem Kreisverkehr folgen wir dem ersten hier etwas unauffälligen und untypischen Camino-Verkehrsschild nach links in die Rúa Valina. Geradeaus über eine Kreuzung Richtung Rúa San Pedro/Porta do Camino, vorbei am Cruz de San Pedro durch die Porta do Camino, die Rúa das Casas Reais, die Ruela das Animas, über die Plaza de Cervantes in die Rúa da Azevacheria zum Vorplatz der Kathedrale - der Plaza de Obradoiro.

# Santiago de Compostela

Ausgrabungen im Boden der Kathedrale brachten 1946 ans Licht, daß das Gebiet um Santiago de Compostela schon zu keltischen Zeiten besiedelt war. Man fand 182 Gräber aus verschiedenen Epochen, unter anderem auch welche aus dem suebischen Zeitalter (Sueben - dt. Sweben, Schwaben; Gruppe westgermanischer Stämme, die zwischen Aller, Saale und Oder siedelten. Während der Völkerwanderung stießen sie nach Süddeutschland vor, wo sich ihr alter Name „Schwaben" bis heute hält. Andere Teile der Sueben wanderten 406 nach Galicien, wo sie das Reich der Sueben gründeten (bis 585

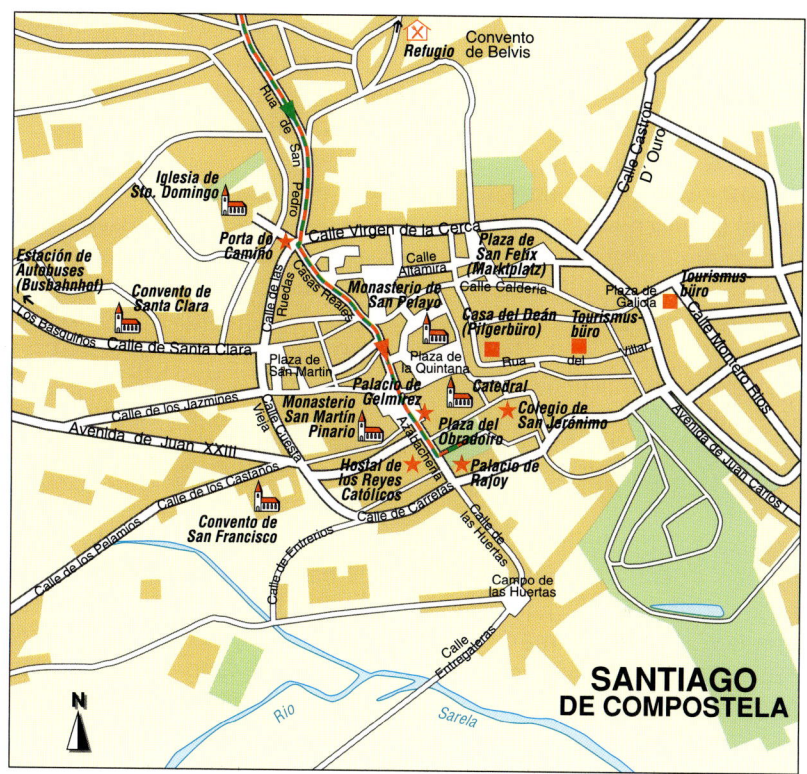

Convento de Belvis
*Refugio*
Iglesia de Sto. Domingo
Rúa de San Pedro
Porta do Camino
Calle Virgen de la Cerca
Plaza de San Felix (Marktplatz)
Estación de Autobuses (Busbahnhof)
Calle Altamira
Monasterio de San Pelayo
Calle Calderia
Plaza de Galicia
Tourismus büro
Convento de Santa Clara
Calle Casas Reales
Calle Rodas
Casa del Deán (Pilgerbüro)
Tourismus büro
Los Basquiños
Calle de Santa Clara
Rúa del Villar
Calle Tomero Fitos
Plaza de San Martin
Plaza de la Quintana
Calle de los Jazmines
Palacio de Gelmirez
Catedral
Avenida de Juan XXIII
Monasterio San Martin Pinario
Plaza del Obradoiro
Colegio de San Jerónimo
Calle de los Castaños
Hostal de los Reyes Católicos
Palacio de Rajoy
Avenida de Juan Carlos I
Convento de San Francisco
Calle de Carretas
Calle de Entrerios
Calle de las Huertas
Campo de las Huertas
Calle de los Pelamios
Calle Entregatteras
Río Sarela
N
**SANTIAGO DE COMPOSTELA**

n.Chr.). Auch wenn uns die Historia Compostelana glauben macht, Santiago sei erst mit dem Jakobuskult entstanden, belegen diese Funde, daß es sich um eine sehr alte Siedlung handelt. Wir müssen auch annehmen, daß sich der Name Compostela nicht in Anlehnung an die Auffindung des Jakobusgrabes entwickelte, sich also nicht von campus stellae (Sternenfeld), sondern von compositum (Begräbnisplatz) ableitet.

Nach der **Entdeckung des Apostelgrabes** im ersten Drittel des 9. Jahrhunderts ließ König Alphons III. eine Basilika auf der Begräbnisstätte bauen. Reste dieses ersten Gotteshauses kamen ebenfalls bei den Ausgrabungen 1946 zum Vorschein. Schnell erwies sich die Kirche für den enormen Pilgeransturm als zu klein, und so wurde 872 ein neues Bauwerk begonnen, das 899 geweiht wurde. Rund hundert Jahre gedieh der Jakobskult in Frieden, bis plötzlich Gefahr auftauchte. Argwöhnisch, weil sich hier ein christliches Mekka bildete, rührte sich die islamische Welt. Wie ein Racheengel fegte Almansor, der Heerführer des Kalifen von Córdoba, durch das christliche Spanien; ausschließlich mit dem Ziel, Compostela zu vernichten.

Am 10. August 997 erreicht er die von den Einwohnern verlassene Stadt. Lediglich ein alter Mönch war zurückgeblieben, um bei den Gebeinen des Apostels Wache zu halten. Am darauffolgenden Tag dringt Almansor in die Kathedrale ein. Doch erstaunlicherweise vorschont er das Grab und seinen Wächter. Die Kathedrale allerdings wird dem Erdboden gleichgemacht. Die Glocken und Türflügel des Gotteshauses läßt er von christlichen Gefangenen nach Córdoba schleppen. Die Zerstörung Santiagos war der härteste und auch der feindseligste unter den vielen Hieben Almansors. Er sollte die christliche Welt im Nerv treffen und lähmen.

Erst zur Zeit des Bischofs Diego Pelaez, unter König Alphons VI., wird 1078 mit dem Wiederaufbau der Kirche begonnen. Zehn Jahre später unterbricht ein heftiger Streit zwischen Bischof und König die Bauarbeiten. 1102 geht man mit neuem Eifer an die Fertigstellung  der Kathedrale (1128). Sogar die geraubten Glocken fanden wieder ihren alten Platz. Als Ferdinand III. 1236 Córdoba zurückerobert, läßt er, diesmal von arabischen Gefangenen, die Glocken nach Santiago schleppen. Als 1589 der englische Seeräuber Francis Drake die Stadt bedrohte, wollte man die Reliquie nach Orense verlagern. Angeblich verschwand sie dabei; erst 1789 fand man sie bei Umbauten unter dem Hochaltar wieder.

### Sehenswertes in Santiago de Compostela

Ganz anders als in anderen Metropolen beherrschen Santiagos Silhouette noch immer Kirchtürme, Klosteranlagen und historische Bauten. Die neuen Viertel liegen am Fuße des von der Altstadt überspannten Hügels und behindern mit ihren häßlichen Zweckbauten nicht den Ausblick auf den historischen Kern der Stadt. Obwohl man von einer großen mittelalterlichen Wallfahrtsstätte erwartet, daß sie von der Romanik beherrscht wird, ist es der **Barock**, der das Gesicht Santiagos prägt. Im 17. und 18. Jahrhundert begann man, die düsteren und schweren Bauten der Romanik hinter neuen, verspielten Fassaden zu verbergen. So ist Santiago heute eine Barockstadt ersten Ranges.

Ziel aller Pilgerströme ist die von stattlichen Gebäuden umgebene **Plaza España** (auch Plaza del Obradoiro genannt), von der man zur prächtigen Westfassade der **Kathedrale** aufblickt. Sie wurde 1738-50 von Fernando Casas y Novoa errichtet und ist die berühmteste Barockfassade Spaniens. Betritt man die Kathedrale über die breite Freitreppe, erwartet uns vollkommene romanische Kunst. Das herrliche Skulpturenwerk der Pórtico de la Gloria, die eigentliche romanische Fassade der Kirche, die heute von dem barocken Vorbau verdeckt wird, soll dem Pilger am Ende seiner Reise die Weltordnung und Vollkommenheit der Schöpfung vor Augen führen. An den Schaft der Mittelsäule, über der Jakobus thront, legen die Wallfahrer ihre Hand, um den Apostel zu ehren und ihm zu danken. Über Jahrhunderte haben die zahllosen Hände glatte Vertiefungen in den Stein gegraben. Die kniende Figur zu Füßen der Jakobussäule mit Blick zum Altar stellt Matthäus dar und wird der "Kopfstoßheilige" genannt. Immer wieder kann man beobachten, wie vor allem Einheimische ihren Kopf an seiner Stirn reiben, was als Mittel für mehr Grips oder gegen Prüfungsangst gilt.

In der 32 m hohen Kuppel der dreischiffigen Kirche hängt vom Scheitel der Vierung der **Dornenkronleuchter** (alcachofa) herab. An Festtagen wird er gegen ein monumentales Weihrauchfaß, den botafumeiro, ausgetauscht, das acht Männer in ausladende Schwingungen versetzen. Früher diente die Durchräucherung des oft überfüllten und stickigen Raumes der Hygiene. Der **Hochaltar** (Capilla Mayor) mit seinem pompösen Baldachin und dem vergoldeten Tabernakel ist ein Geschenk des mexikanischen Erzbischofs. Inmitten dieser überschwenglichen Pracht strahlt die großartige romanische **Schnitzfigur des Hl. Jakobus** mit ihrem hypnotischen Blick eine himmlische Ruhe aus. Zum Programm eines frommen Pilgers gehört es, den Mantel des Heiligen zu küssen. Seitlich des Altars führt eine Stiege zu der Statue. Hinter dem Hochaltar führt der Chorumgang zu den einzelnen Kapellen. Unter dem Altar befindet sich die Krypta, zu der man hinabsteigen kann. Eine aus Silber gearbeitete Urne birgt die sterblichen Reste des Apostels Jakobus und seiner beiden Schüler Atanasius und Theodorus. Sie soll genau an der Stelle stehen, an der man das Grab des Apostels gefunden hat.

Gegenüber der Kathedrale, an der Plaza del Obradoiro, liegt das klassizistische **Rathaus**, der Palacio de Rayjoy. An der Nordseite erhebt sich das Hostal de los Reyes Católicos, heute ein Parador, mit der Auflage, echte Fußpilger kostenlos zu bewirten (Doch freuen Sie sich nicht zu früh! Bei Wasser und Brot ist die Verköstigung eher historisch bis spartanisch und läßt alle Wünsche offen.). Das Hospiz wurde 1492 von den katholischen Königen gegründet und beherbergte bis 1954 ein Pilgerhospital und ein Gasthaus. Ihm gegenüber steht das ehemalige Colegio de San Jerónimo, das einst als Internat für mittellose Studenten diente.

An die Nordseite der Kathedrale ist der Palacio de Gelmírez, der **erzbischöfliche Palast** angebaut. Er gilt als der bedeutendste Profanbau der spanischen Romanik. An die Ostseite der Kathedrale mit dem Uhrturm und der geschlossenen Puerta Santa (sie wird nur am Silvestertag vor dem Heiligen Jahr geöffnet) grenzt die **Plaza de la Quintana**. Sie zählt zu den eindrucksvollsten Plätzen der Welt. Das **Kloster San Francisco** geht auf die Wallfahrt des Hl. Franziskus im Jahre 1214 zurück. Er initiierte den Bau der Abtei, die von Benediktinern bewirtschaftet wurde. An der Plaza Imnaculada erhebt sich das **Kloster San Martín Pinario** (gegenüber der Nordfassade der Kathedrale). Die Front wird von mächtigen Säulenpaaren bestimmt. Sehr fein gegliedert wirkt dagegen der Renaissancebau der Kirche San Martín (17. Jh.). Das **Kloster San Pelayo** wurde im 15. Jahrhundert gegründet. Die heutigen Bauten stammen jedoch aus dem 18. Jahrhundert. Im **Kloster Santo Domingo** kann man eine sehr schöne Kapelle bewundern. Das **Kloster Santa Clara** besticht durch seine beeindruckende Barockfassade.

Über all die Klöster und Kirchen sollte man Santiagos Straßen, Gassen und Plätze mit ihren einzigartigen Baugruppen und dem quirligen Treiben nicht vergessen. Die typischste Straße ist die **Rúa del Villar** mit ihren Kolonaden. Parallel dazu verlaufen die ebenso schöne Rúa Nueva und die Rúa Raiña sowie die Calle del Franco, deren Anwohner nach einem besonderen Privileg von Steuern und Abgaben befreit waren. Hier trifft man nicht nur erschöpfte Pilger und fromme Schwestern. Geschäftstüchtige Einheimische bieten als Devotionalienhändler oder stolze Besitzer liebevoll gepflegter Läden all das feil, was Pilgerherzen höher schlagen läßt. Ein buntes, fröhliches Publikum bevölkert die zahllosen Bars und Restaurants der Altstadt.

Kathedrale von Santiago de Compostela

Aus dem vielfältigen Angebot eine Auswahl zu empfehlen hieße, dem Lebensgefühl, das hier herrscht, Einhalt zu gebieten, und daher raten wir jedem, sich treiben zu lassen und einzutauchen in die Atmosphäre dieser außergewöhnlichen Stadt.

## Museen
Das Museo de Peregrinaciones in der Casa Gótica (Rúa de San Miguel) erzählt die Geschichte der Wallfahrt nach Santiago de Compostela. Im Museo de la Catedral sind kaum zu entziffernde alte Schriften, wertvolle flämische Wandteppiche und Geschenke der Pilger zu besichtigen.

## Feste
Während der Festzeit vom 15. bis 31. Juli platzt die Stadt vollends aus ihren Nähten.In der Nacht vor dem 25. Juli, dem Jakobustag, wird auf der Plaza del Obradoiro ein sagenhaftes Feuerwerk gezündet, außer der für Santiago typische Sprühregen stiehlt den pyromanen Technikern die Show.

# Serviceteil

## Klima und Reisezeit

Als ideale Reisemonate gelten Mai, Juni, September und Oktober. Während dieser Zeit herrschen die angenehmsten "Radfahrtemperaturen". Allerdings muß man auch dann manchmal in Navarra, der La Rioja und in Galicien mit Regengüssen oder Nebel rechnen. Da der Camino bei Regen streckenweise sehr schlammig wird, kann ein Ausweichen auf die Alternativroute sinnvoll sein. Juli und August warten besonders in der schattenlosen Meseta (Kastilien-León) mit Tagestemperaturen von mehr als 35 °C auf. Außerdem gestaltet sich während dieser inzwischen extrem betriebsamen Monate die Unterkunftssuche oft ziemlich schwierig. Viele Orte stellen allerdings in dieser Zeit kurzfristig einfache Herbergen (in Dorfschulen, Turnhallen etc.) zur Verfügung. In den Wintermonaten sollte sich nur der auf den Weg machen, der das harte Los der mittelalterlichen Pilger nachempfinden möchte.

## An-/Rückreise

Da der Augenmerk des Buches auf die Streckenbeschreibung des Pilgerweges gerichtet ist, hier nur in Kürze die wichtigsten Informationen und Kontaktadressen für die An- und Rückreise. Für unsere Recherchen wählten wir den Startort Pamplona und Zielort Santiago d. C. aus.

*Bahn*

Das zunächst grösste Problem bei der Organisation einer Bahnanreise ist, detaillierte, verlässliche Angaben über diese länderübergreifende Strecke zu bekommen. Weiter ist der Fahrradtransport oft schwierig. Nur in manchen Fernverkehrszügen ist die Mitnahme möglich. Bitte klären Sie dies unbedingt vorab und reservieren Sie einen Stellplatz! Das selbständige Zusammenstellen bzw. Buchen der Zugreise via Internet ist praktisch nicht machbar. Daher empfehlen wir für die Planung Ihrer Bahnreise ein Reisebüro oder die folgenden Adressen zu kontaktieren. Der Streckenverlauf wird Sie auf jeden Fall über Frankreich führen. Z.B. gibt es täglich von Paris aus einen Nachtzug nach Irun/Hendaye (franz./span. Grenzbanhof). Von dort aus können Sie mit Bahn oder Bus nach Pamplona weiterfahren. Zurück geht es von Santiago de Copostella aus dann mit Bahn oder Bus wieder nach Irun/Hendaye und weiter nach Paris.

Deutsche Bahn
Radfahrer – Hotline Tel: 0049 (0)1805 151415
www.bahn.de

SNCF (Französische Bahn)
Deutschsprachiger Infodienst Tel: 0033 (0)892 353536
www.sncf.com

RENFE (Spanische Bahn)
Deutschsprachige Info und Buchung z.B bei
Ibero-Tours Tel: 0049 (0)211 86415-20
Travel Trade Representations Tel: 0041 (0)1 7150565
www.renfe.es

SBB (Schweizer Bahn)
Info und Buchung Tel: 0900 300 300 (CHF 1,19/Min!)
oder in den SBB Reisebüros
www.sbb.ch

*Flugzeug*
Die Mitnahme von Fahrrädern ist bei internationalen Flügen meist problemlos möglich. Sie sollten dies allerdings bereits bei der Flugreservierung angeben. Für den Transport wird von den Fluggesellschaften verlangt, den Lenker in Längsrichtung zu drehen, die Pedale abzumontieren und etwas Luft aus den Reifen zu lassen. Packen Sie deshalb etwas Werkzeug ins Handgepäck. Je nach Gesellschaft wird der Fahrradtransport unterschiedlich verrechnet. Teilweise können Sie es innerhalb der Gepäckfreigrenze sogar gratis transportieren. Ansonsten gelten Pauschalen. Es gibt keine Direktflüge von D/A/CH nach Pamplona oder anderen kleinen Städten entlang des Jakobsweges. Die Route führt via Barcelona oder Madrid nach Pamplona. Zurück können Sie mit der Iberia direkt von Santiago de Compostella über Barcelona/Madrid nach Hause fliegen.

Iberia
Zentralreservierung und Information
Deutschland Tel: 0049 (0)1803 000613 (9 Cents/Min)
Österreich Tel: 01 79567612
www.iberia.com

Jakobsmuschel und Wanderstab - Attribute des Pilgers

Lufthansa
Info und Reservierung
Tel: 0049 (0)180 58384267
www.lufthansa.com

Swiss
Info und Buchung
Tel: 0041 (0)848 852000
www.swiss.com

*Bus*
Die beiden grössten Busunternehmen in Deutschland und der Schweiz bieten zwar schnelle und relativ günstige Verbindungen über Irun nach Santiago d. C .an, allerdings in der Regel keinen Fahrradtransport! Sollten Sie dennoch interessiert sein:

Deutsche Touring GmbH
Tel: 0049 - 69 - 79 03 50
www.deutsche-touring.com

Alsa+Eggmann
Hauptrufnummer: 0900 – 573 747 ( CHF 1,49/Min.!)
oder z.B. Agentur Zürich: 0041 43 366 64 30
www.alsa-eggmann.ch

*Auto*
Die Anreise per Pkw ermöglicht Ihnen eine unkomplizierte, wenn auch sehr zeitintensive Anfahrt zu jedem beliebigen Startpunkt. Sollten Sie auf dem Pilgerweg auf Ihr Auto als Begleitfahrzeug verzichten, können Sie es am Startort  z.B. auf einem Campingplatz oder bewachten Parkplatz abstellen.

*Transport innerhalb Spaniens*
In Santiago d.C. angekommen, können Sie per Flugzeug (die Iberia führt alle innerspanischen Flüge aus) oder Bus zum Ausgangspunkt zurückkehren. Zahlreiche Busunternehmen bieten in Spanien günstige und zuverlässige Verbindungen zwischen allen Städten und den meisten kleineren Ortschaften. Der Transport der Fahrräder ist in der Regel kein Problem. Sie sollten aber bereits beim Ticketkauf darauf hinweisen, daß Sie ein Fahrrad transportieren wollen. Es wird gesondert berechnet, fällt aber bei den humanen Bustarifen (ca. 7 € pro 100 km) nicht unverhältnismäßig ins Gewicht. Nachdem oft mehrere Busgesellschaften die gleichen Verbindungen anbieten, lohnt sich ein Vergleich der Fahrpreise. Tickets sind in Busbahnhöfen oder Reisebüros erhältlich. Die Rückreise per Bahn scheidet für uns Radfahrer weitgehend aus, da

weder die RENFE noch die den Norden bedienende FEVE die Möglichkeit des Fahrradtransportes anbietet.

## Info-Adressen

*Jakobusgesellschaften*

Deutsche Jakobus-Gesellschaft e.V.
Harscampstr. 20
D- 52062 Aachen
Tel. (0241)4790-127 Fax 4790-222

Jakobsbruderschaft Österreich
c/o Ing. Helmut Radolf
Stangaustr. 7
A - 2392 Sulz im Wienerwald
Tel. (02238)8270-11 Fax 8270-14

Schweizer Vereinigung der Freunde des Jakobsweges
Wässerwies 9
CH - 8712 Stäfa
Tel. (01)9261875 Fax 7964009

*Spanische Fremdenverkehrsämter:* www.spain.info

*Deutschland*

Kurfürstendamm 63/5.OG
D-10707 Berlin
Tel: 0049 (0)30 8826543
Fax: 0049 (0)30 8826661
berlin@tourspain.es

Grafenberger Allee 100
D-40237 Düsseldorf
Tel: 0049 (0)211 6803981
Fax: 0049 (0)211 6803985
dusseldorf@tourspain.es

Postfach: 151940
Schuberststr. 10
D-80336 München
Tel: 0049 (0)89 5307460
Fax: 0049 (0)89 5307420
munich@tourspain.es

Myliusstr. 14
D-60323 Frankfurt
Tel: 0049 (0)69 725033
Fax: 0049 (0)69 725313
frankfurt@tourspain.es

*Österreich*

Walfischgasse 8
A-1010 Wien
Tel: 0043 (0)1 5129580
Fax: 0043 (0)1 5129581
viena@tourspain.es

*Schweiz*

Rue Ami-levrier 15-20
CH-1201 Genf
Tel: 0041 (0)22 7311132
Fax : 0041 (0)22 7311366
ginebra@tourspain.es

Seefeldstr. 19
CH-8008 Zürich
Tel : 0041 (0)12 527930
Fax : 0041 (0)12 526204
zurich@tourspain.es

*Wichtige Adressen vor Ort:*
In allen größeren Orten finden Sie Fremdenverkehrsbüros (Oficina de Turismo), die Ihnen gerne mit Auskünften zu Hotels, Pensionen und Stadtplänen weiterhelfen. Die Adressen haben wir in den jeweiligen Infoblöcken der Routenbeschreibung angegeben.

*Deutsche Botschaft*/Embajada de la Republica Federal Alemana
Calle Fortuny 8
E-28037 Madrid,
Tel: 0034 (0)91 5579000, Fax: 0043 (0)91 3102104

*Österreichische Botschaft*/Embajada de la Republica de Austria
Paseo de la Castellana
E-28037 Madrid
Tel: 0034 (0)91 5565315, Fax. 0034 (0)91 5973579

*Schweizer Botschaft*/Embajada de la Confederacion Suiza
Calle Nunez de Balboa 35
E-28037 Madrid
Tel: 034 (0)91 4363960
Fax: 034 (0)91 4363980

*Wichtige Telefonnummern:*
Notfälle: 112, Polizei: 091

## Einreiseformalitäten

Für Deutsche, Österreicher und Schweizer genügt bei Aufenthalten bis zu drei Monaten ein gültiger Personalausweis oder Reisepaß. Kinder bis 16 Jahren, die mit den Eltern unterwegs sind, benötigen einen Kinderausweis oder einen Eintrag im Elterpaß. Bürger der EU-Mitgliedstaaten, die länger bleiben wollen, beantragen vor Ort eine Aufenthaltsgenehmigung bei den Comisarias de Policia oder den Oficinas Gubernativas. Sie muß innerhalb des ersten Monats beantragt werden. Näheres erfährt man zu Hause bei einem spanischen Konsulat. Wer mit einem Begleitfahrzeug unterwegs ist, sollte neben Führerschein und Autopapieren die Grüne Versicherungskarte dabei haben.

## Währung, Banken, Geldwechsel

Grundsätzlich ist es nicht notwendig, größere Summen an Bargeld mitzuführen. In jedem größeren Ort findet sich zumindest eine Bank. (allgemeine Öffnungszeiten: Mo - Fr 8-14 h, Sa 9-13 h). Davon sind die meisten inzwischen auch mit Geldautomaten (auch mit deutscher Bedienerführung) ausgestattet, an denen man rund um die Uhr mit EC-Karte (auch mit Visa und Eurocard) Bargeld abheben kann.

## Unterkunft
### Refugio/Alberghe

Entlang des Jakobswegs stellen zahlreiche Pfarrgemeinden, Kommunen und andere Institutionen (wie z.B. Jakobusbruderschaften) aber auch zunehmend Privatleute Unterkunftsmöglichkeiten zur Verfügung, um die traditionelle und lebendige Gastfreundschaft gegenüber den Pilgern zu pflegen. Die meisten der Herbergen sind von April bis Oktober geöffnet, einige wenige ganzjährig. Zur Ausstattung der Häuser zählen neben Schlafplätzen (in der Regel Stockbetten) und Waschräumen, meist eine Küche sowie ein Gemeinschaftsraum. Mit dem steigenden Pilgeraufkommen sind auch viele neue Herbergen entstanden, die etwas mehr Komfort bieten. So finden wir inzwischen oft schon Heizung, Waschmaschinen, Trockner, Fahrradräume, Internetzugang, Kaffee- Getränkeautomaten und Massage. Die Sauberkeit und der Zustand der Alberghes variert stark je nach Betreuung (oft wechselnde Hospitaleros) und Auslastung. Gegen Vorlage des Pilgerpasses (Credencial de Peregrinos) erhält man gegen einen Unkostenbeitrag (3 – 10 €) Quartier für eine Nacht. Dieses außergewöhnliche Angebot sollte nicht mißbraucht werden. Im Klartext heißt das: Gemeinschaftsgeist zeigen, sich rücksichtsvoll benehmen und den eigenen Dreck wegputzen! In Zeiten in denen es eng wird haben

Fußpilger Vorang vor Radpilgern. In manchen Herbergen werden Radpilger erst gegen Abend aufgenommen. Pilger mit einem Begleitfahrzeug sollten fairerweise dieses Angebot nicht unbedingt in Anspruch nehmen. Eine telefonische oder schriftliche Reservierung eines Schlafpatzes ist bis auf wenige Ausnahmen nicht möglich. Wir haben deshalb auf die Angabe von Telefonnummern verzichtet.

*Hotels und Pensionen*
Wir haben in den „Toureninfos" für jede Etappe eine kleine Auswahl von Unterkünften angegeben, wobei es in den kleineren Orten auch oft nicht mehr als die erwähnten gibt.

*Paradores*
Eine Besonderheit sind die spanischen Paradores. Das erste dieser häufig extravaganten, staatlich geführten Luxushotels wurde 1928 eingeweiht. Man logiert in stilvoll renovierten ehemaligen Klöstern, Burgen und Palästen in Lagen von ausgesuchter Schönheit. Die Preise schwanken je nach Komfort des Hauses und Saison, sind aber eher im gehoben Preisbereich angesiedelt.

**Medizinische Versorgung**
Man sollte sich zu Hause bei seiner (gesetzlichen) Krankenkasse einen Auslandskrankenschein besorgen. Vorgestreckte Beträge erhalten Sie dann bei Ihrer Krankenkasse gegen Vorlage der Arztbelege. Hier erhalten Sie auch Broschüren, die Ihnen die Verständigung mit dem Medico erleichtern und Sie vor der Amputation des falschen Beines bewahren. Für uns Radler empfiehlt sich aber auch durchaus der Abschluß einer privaten Reisekrankenversicherung. Apotheken (farmacias) erkennen Sie an dem grünen Kreuz auf weißem Grund. Sie sind während der normalen Geschäftszeiten geöffnet; nachts und an Wochenenden gibt es einen Bereitschaftsdienst. Das Angebot entspricht in etwa dem deutscher Apotheken. Viele Medikamente, die in Deutschland nur gegen Rezept abgegeben werden, erhalten Sie in Spanien auch rezeptfrei.

**Telefonieren**

*Von Spanien nach Hause:*
Die Vorwahl für Deutschland lautet 07 49, für Österreich 07 43 und für die Schweiz 07 41. Danach ist die jeweilige Ortsvorwahl unter Weglassen der ersten Null und die Teilnehmernummer zu wählen.

*Von zu Hause nach Spanien:*
In Deutschland und der Schweiz gilt die Länderkennzahl 00 34, in Österreich 060, dann die Ortsvorwahl unter Weglassen der ersten 9.

## Essen und Trinken

Daß in Spanien die Uhren anders gehen, wird jedem bewußt, dessen Körper zu den für uns üblichen Essenzeiten nach einer ausgiebigen, warmen Mahlzeit verlangt. Gefrühstückt wird zwischen 8 und 11 h, Mittagessen gibt es von 13.30 bis 16 h und Abendessen von 21 bis 23 h. Das spanische Frühstück (desayuno) fällt sehr spartanisch aus. Ein café con leche und ein magdalena (ein Bisquitteilchen) bieten nicht gerade eine solide Unterlage für einen harten Radtag. Entweder man legt beim nächsten Bäcker nach oder bestellt sich ein bocadillo (oft trockenes, mit Schinken und Käse belegtes Baguette) zum Kaffee. Sämtliche Restaurants sind verpflichtet, ein menu del dia anzubieten (meistens sehr preisgünstig). Taucht es nicht auf der Karte auf, wird es auf Verlangen serviert. Die harte Zeit zwischen den Mahlzeiten kann man mit den vorzüglichen tapas (kleine Appetithappen - in Bayern nennt man so etwas Magendrazerl) überbrücken. In den meisten Bars verführerisch am Tresen präsentiert, fällt es schwer, sich diesen kulinarischen Genüssen zu entziehen. Es locken: tortillas (Kartoffelomlette), Champignons mit Knoblauch, eingelegte Anchovis, Sardinen und Meeresfrüchte, mariniertes Gemüse, mit Schafskäse gefüllte Paprikaschoten, Käse, Serrano-Schinken, Oliven, verschiedene belegte Brötchen, Russischer Salat, Fritiertes im Teigmantel und, und, und. Unvermeidlich ist dazu ein Gläschen tinto (Rotwein) oder ein cerveza (Bier). Salud - zum Wohl!

## Trinkgeld

Das Trinkgeld ist meist im Rechnungsbetrag enthalten. Außerdem ist absolut unüblich, daß in einer Gruppe jeder separat zahlt.

## Öffnungszeiten

Dem spanischen Tagesrhythmus und Lebensgefühl entsprechend, mit einer ausgedehnten Siesta. Außerdem muß man immer damit rechnen, daß dem Ladenbesitzer etwas Lebenswichtiges dazwischen gekommen ist und er kurzfristig seine Arbeitszeiten ändert.
Die Kernzeiten sind:
Geschäfte: 9 -13 h und 17 - 20 h;
Museen und Klöster: 10 - 13 h und 16 -18 h.

## Wörter „Fahrradzubehör"

| | |
|---|---|
| Achse | eje |
| Bremse | freno |
| Bremsgriff | maneja de freno |
| Bremsklotz | zapata de freno |
| Bremszug | cable de freno |
| Dynamo | dínamo |
| Fahrrad | bicicleta |
| Fahrradwerkstatt | taller de bicicletas |
| Felge | llanta |
| Flicken | parche |
| Flickzeug | estuche de reparación |
| Freilaufzahnkranz | rueda libre |
| Gabel | horquilla |
| Gangschaltung | cambio |
| Gepäckträger | portaequipajes |
| Glühbirne | bombilla |
| Hammer | martillo |
| Imbusschlüssel | llave allen |
| Kette | cadena |
| Kettenblatt | plato |
| Kettenritzel | piñón |
| Kettenwerfer | desviador |
| Kilometerzähler | cuenta-kilómetros |
| Kugellager | cojinente a bolas |
| Lampe | faro |
| Laufrad | rueda |
| Lenker | manillar o. |
| Luftpumpe | bomba |
| Mantel | capoche |
| Messer | cuchillo |
| Mutter | tuerca |
| Öl | aceite, grasa |

| | |
|---|---|
| Packtaschen | alforjas |
| Pedal | pedal |
| Platten | pinchazo |
| Rahmen | cuadro |
| Reifen | cubierta |
| Rücklicht | luz trasera |
| Sattel | sillon |
| Sattelrohr | tubo vertical |
| Sattelstütze | tija del sillon |
| Schalthebel | maneja de cambio |
| Schaltwerk | desviador |
| Schaltzug | cable de cambio |
| Schere | tijeras |
| Schlauch | cámara |
| Schloß | candado |
| Schraube | tornillo |
| Schraubenschlüssel | llave plana |
| Schraubenzieher | destornillador |
| Speiche | rayo |
| Tretlager | caja de pedales |
| Trinkflasche | bidón |
| Ventil | valbula |
| Vorderlicht | faro |
| Werkzeug | herramientas |
| Zange | alicates |

Pilgern gestern und heute -
Abenteuer, Spaß und Spiritus  »

162

# Caminoroute

| Camino | Pamplona | Cizur Menor | Guenduláin | Zariquieguy | Perdón | Uterga |
|---|---|---|---|---|---|---|
| Refugio | * | * |  |  |  | * |
| Zimmer/Hotel | * |  |  |  |  | * |
| Bar/Restaurant | * | * |  |  |  | * |
| Lebensmittelladen | * |  |  |  |  |  |
| Bank | * |  |  |  |  |  |
| Apotheke | * |  |  |  |  |  |
| Med. Versorgung | * |  |  |  |  |  |
| Radreparatur | * |  |  |  |  |  |
| Distanz | 0 | 3,6 | 5,2 | 1,5 | 2,5 | 6,1 |
| km nach Santiago | 737,4 | 733,8 | 728,6 | 727,1 | 724,6 | 718,5 |
| Höhenmeter | 446 | 480 | 500 | 625 | 780 | 495 |

| Camino | Irache | Azqueta | Villamayor | Los Arcos | Sansol | Torres del Rio |
|---|---|---|---|---|---|---|
| Refugio |  |  | * | * |  | * |
| Zimmer/Hotel | * |  |  | * |  |  |
| Bar/Restaurant | * |  | * | * | * | * |
| Lebensmittelladen |  |  |  | * |  | * |
| Bank |  |  |  | * |  | * |
| Apotheke |  |  |  | * | * |  |
| Med. Versorgung |  |  |  | * |  |  |
| Radreparatur |  |  |  |  |  |  |
| Distanz | 2,8 | 3,7 | 2,1 | 11,9 | 6,9 | 0,4 |
| km nach Santiago | 685,2 | 681,5 | 679,4 | 667,5 | 660,6 | 660,2 |
| Höhenmeter |  | 495 | 675 | 445 | 505 | 475 |

| Camino | Redecilla | Castildelg. | Viloria | Villamayor | Belorado | Tosantos |
|---|---|---|---|---|---|---|
| Refugio | * |  |  | * | * |  |
| Zimmer/Hotel |  | * |  | * | * |  |
| Bar/Restaurant | * | * |  | * | * | * |
| Lebensmittelladen |  | * |  |  | * |  |
| Bank |  |  |  |  | * |  |
| Apotheke |  |  |  |  | * |  |
| Med. Versorgung |  |  |  |  | * |  |
| Radreparatur |  |  |  |  |  |  |
| Distanz | 4,5 | 1,7 | 1,8 | 3,6 | 4,4 | 5,7 |
| km nach Santiago | 577,5 | 575,8 | 574 | 570,4 | 566 | 560,3 |
| Höhenmeter | 740 | 770 | 785 | 790 | 770 | 818 |

| Camino | Durchf.Burg. | Villalbilla | Tardajos | Rabé | Hornillos | Sambol |
|---|---|---|---|---|---|---|
| Refugio |  |  | * |  |  | * |
| Zimmer/Hotel |  |  | * |  |  |  |
| Bar/Restaurant |  | * | * |  |  |  |
| Lebensmittelladen |  |  | * |  |  |  |
| Bank |  |  | * |  |  |  |
| Apotheke |  |  | * |  |  |  |
| Med. Versorgung |  |  |  |  |  |  |
| Radreparatur |  |  |  |  |  |  |
| Distanz | 7,4 | 4,7 | 3 | 2,1 | 8 | 6,2 |
| km nach Santiago | 517,7 | 513 | 510 | 507,9 | 499,9 | 493,7 |
| Höhenmeter |  | 880 | 825 | 830 | 825 |  |

| Muruzábal | Obanos | Puente la R. | Mañeru | Cirauqui | Lorca | Villatuerta | Estella |
|---|---|---|---|---|---|---|---|
|  | * | * |  |  |  | * | * |
|  | * | * |  |  |  |  | * |
| * | * | * | * | * | * | * | * |
| * | * | * | * | * |  | * | * |
|  | * | * | * | * |  |  | * |
| * | * | * | * | * |  | * | * |
|  | * | * |  | * |  | * | * |
|  |  | * |  |  |  |  | * |
| 2,6 | 1,1 | 4,1 | 4,8 | 2,8 | 6,1 | 4,7 | 4,3 |
| 715,9 | 714,8 | 710,7 | 705,9 | 703,1 | 697 | 692,3 | 688 |
| 478 | 415 | 345 | 455 | 495 | 480 | 440 | 450 |

| Viana | Logroño | Navarrete | Nájera | Azofra | Cirueña | St. Domingo | Grañon |
|---|---|---|---|---|---|---|---|
| * | * | * | * | * |  | * |  |
| * | * | * | * |  |  | * |  |
| * | * | * | * | * |  | * | * |
| * | * | * | * | * |  | * | * |
| * | * | * | * |  |  | * |  |
| * | * | * | * |  |  | * |  |
| * | * | * | * |  |  | * |  |
|  | * |  | * |  |  | * |  |
| 10,5 | 9,6 | 14 | 16,1 | 5,5 | 9,7 | 5 | 7,8 |
| 649,7 | 640,1 | 626,1 | 610 | 604,5 | 594,8 | 589,8 | 582 |
| 470 | 380 | 520 | 500 | 559 | 752 | 640 | 724 |

| Espinoza | Villafranca | Denkmal | SanJuan d.O. | Agés | Atapuerca | Rubena | Burgos |
|---|---|---|---|---|---|---|---|
|  |  |  | * |  |  |  | * |
|  |  |  |  |  | * |  | * |
| * | * |  | * |  | * |  | * |
|  |  | * |  |  | * |  | * |
|  | * |  |  |  |  |  | * |
|  | * |  |  |  |  |  | * |
|  |  |  |  |  |  |  | * |
|  |  |  |  |  |  |  | * |
| 3,5 | 3,7 | 4,1 | 8,7 | 3,3 | 2,5 | 5,3 | 4,1 |
| 556,8 | 553,1 | 549 | 540,3 | 537 | 534,5 | 529,2 | 525,1 |
| 890 | 950 | 1135 | 1000 | 970 | 960 |  | 860 |

| Hontanas | San Antón | Castrojeriz | Mostelares | Itero | Boadilla | Frómista | Población |
|---|---|---|---|---|---|---|---|
| * |  | * |  | * | * | * | * |
| * |  | * |  |  |  | * |  |
| * |  | * |  | * | * | * | * |
|  |  | * |  | * | * | * |  |
|  |  | * |  |  |  | * |  |
|  |  | * |  |  |  | * |  |
|  |  | * |  |  |  | * |  |
|  |  |  |  |  |  | * |  |
| 5,4 | 5,7 | 2,3 | 5,2 | 7,4 | 8,6 | 5,9 | 3,2 |
| 488,3 | 482,6 | 480,3 | 475,1 | 467,7 | 459,1 | 453,2 | 450 |
| 867 |  | 808 | 900 | 769 | 784 | 787 | 790 |

| Camino | Revenga | Villarmentero | Villalcázar | Carrión | Calzadilla | Ledigos |
|---|---|---|---|---|---|---|
| Refugio | | | * | * | * | * |
| Zimmer/Hotel | | | * | * | * | |
| Bar/Restaurant | * | * | * | * | * | * |
| Lebensmittelladen | * | | * | * | * | * |
| Bank | | | | * | | |
| Apotheke | | | | * | | |
| Med. Versorgung | | | | * | | |
| Radreparatur | | | | * | | |
| Distanz | 3,5 | 2,3 | 4,2 | 5,5 | 18 | 6,3 |
| km nach Santiago | 446,5 | 444,2 | 440 | 434,5 | 416,5 | 410,2 |
| Höhenmeter | | 793 | 809 | 839 | 860 | 880 |

| Camino | Villamoros | Villarente | Arcahueja | Valdelafuente | León | Durchf.León |
|---|---|---|---|---|---|---|
| Refugio | | | | | * | |
| Zimmer/Hotel | | * | | | * | |
| Bar/Restaurant | * | * | * | * | * | |
| Lebensmittelladen | * | * | * | * | * | |
| Bank | | | | | * | |
| Apotheke | | * | * | | * | |
| Med. Versorgung | | | | | * | |
| Radreparatur | | | | | * | |
| Distanz | 4,5 | 2,1 | 4,5 | 2,5 | 3,2 | 4,5 |
| km nach Santiago | 352,2 | 350,1 | 345,6 | 343,1 | 339,9 | 335,4 |
| Höhenmeter | | | | | | |

| Camino | Villares | Santibánez | San Justo | Astorga | Murias | Castrillo |
|---|---|---|---|---|---|---|
| Refugio | * | | | * | | |
| Zimmer/Hotel | | | * | * | | * |
| Bar/Restaurant | * | | * | * | * | * |
| Lebensmittelladen | * | | * | * | | |
| Bank | | | | * | | |
| Apotheke | * | | | * | | |
| Med. Versorgung | | | * | * | | |
| Radreparatur | | | | * | | |
| Distanz | 2 | 2,8 | 9,2 | 3,3 | 5,8 | 1,9 |
| km ab Pamplona | 440 | 442,8 | 452 | 455,3 | 461,1 | 463 |
| Höhenmeter | 828 | 845 | 847 | 868 | 880 | |

| Camino | Molinaseca | Campo | Ponferrada | Compostilla | Columbrianos | Fuente Nuevas |
|---|---|---|---|---|---|---|
| Refugio | * | | * | | | |
| Zimmer/Hotel | * | | * | | | |
| Bar/Restaurant | * | | * | | | |
| Lebensmittelladen | * | | * | | | |
| Bank | | | * | | | |
| Apotheke | | | * | | | |
| Med. Versorgung | | | * | | | |
| Radreparatur | | | * | | | |
| Distanz | 6,6 | 4,4 | 2,7 | 2,6 | 2 | 3 |
| km nach Santiago | 230,8 | 226,4 | 223,7 | 221,1 | 219,1 | 216,1 |
| Höhenmeter | 590 | 560 | 540 | | 550 | 505 |

| Terradillos | Moratinos | San Nicolás | Sahagún | Bercianos | **El Burgo** | Reliegos | Mansilla |
|---|---|---|---|---|---|---|---|
| * |  |  | * | * | * | * | * |
|  |  |  | * | * | * |  | * |
|  |  | * | * | * | * | * | * |
|  |  |  | * | * | * |  | * |
|  |  |  | * |  |  |  | * |
|  |  |  | * |  | * |  | * |
|  |  |  | * |  |  | * | * |
|  |  |  | * |  |  |  | * |
| 2,9 | 3,3 | 2,6 | 7 | 11,4 | 7,5 | 13 | 5,8 |
| 407,3 | 404 | 401,4 | 394,4 | 383 | 375,5 | 362,5 | 356,7 |
| 885 | 860 | 840 | 816 | 850 | 875 | 820 | 795 |

| irgen d.C. | Fresno | Oncina | Cosas | Villar | Villavante | Puente d.O. | **Hospital d.O.** |
|---|---|---|---|---|---|---|---|
|  |  |  |  | * |  |  | * |
| * |  |  |  |  |  |  | * |
| * |  |  | * | * | * |  | * |
| * |  |  |  | * |  |  | * |
| * |  |  |  |  |  |  | * |
|  |  |  |  |  |  |  | * |
|  |  |  |  |  |  |  | * |
|  |  |  |  |  |  |  | * |
| 5,8 | 2,3 | 2,1 | 5,4 | 4,9 | 10,3 | 4,2 | 1 |
| 329,6 | 327,3 | 325,2 | 319,8 | 314,9 | 304,6 | 300,4 | 299,4 |

| .Catalina | El Ganso | **Rabanal** | Foncebadón | Cruz d.F. | Manjarín | El Acebo | Riego d.A. |
|---|---|---|---|---|---|---|---|
| * | * | * | * |  | * | * | * |
|  |  | * | * |  |  |  |  |
| * | * | * |  |  |  | * | * |
|  |  |  |  |  |  |  |  |
|  |  |  |  |  |  |  |  |
|  |  |  |  |  |  |  |  |
|  |  |  |  |  |  |  |  |
|  |  |  |  |  |  |  |  |
| 3,2 | 4,2 | 7,5 | 5,5 | 2,6 | 4,6 | 6 | 3,4 |
| 271,2 | 267 | 259,5 | 254 | 251,4 | 246,8 | 240,8 | 237,4 |
| 975 | 1000 | 1150 | 1440 | 1500 | 1460 | 1150 | 920 |

| mponaraya | Cacabelos | Pieros | **Villafranca** | Pereje | Trabadelo | La Portela | Ambasmestas |
|---|---|---|---|---|---|---|---|
|  | * |  | * | * | * | * |  |
|  | * |  | * |  | * | * |  |
| * | * |  | * |  | * | * | * |
| * | * |  | * |  |  |  | * |
| * |  |  | * |  |  |  |  |
| * | * |  | * |  |  |  |  |
| * | * |  | * |  |  |  |  |
| * |  |  | * |  |  |  |  |
| 2 | 6,1 | 2,9 | 5,4 | 5,5 | 3 | 5,5 | 1,4 |
| 214,1 | 208 | 205,1 | 199,7 | 194,2 | 191,2 | 185,7 | 184,3 |
| 490 | 485 | 525 | 505 | 540 | 575 | 580 | 600 |

| Camino | Vega d. V. | Ruitelán | Herrerías | Las Lamas | El Castro | Pedrafita d.C. |
|---|---|---|---|---|---|---|
| Refugio | * | * | | | | |
| Zimmer/Hotel | * | * | | | | * |
| Bar/Restaurant | * | | | | | * |
| Lebensmittelladen | * | * | | | | * |
| Bank | * | | | | | |
| Apotheke | * | | | | | * |
| Med. Versorgung | | | | | | |
| Radreparatur | | | | | | |
| Distanz | 0,8 | 2,9 | 1,1 | 2,6 | 4,7 | 2,5 |
| km nach Santiago | 183,5 | 180,6 | 179,5 | 176,9 | 172,2 | 169,7 |
| Höhenmeter | 630 | 690 | 675 | | | 1010 |

| Camino | Renche | San Martino | Samos | Sarria | Barbadelo | Morgade |
|---|---|---|---|---|---|---|
| Refugio | | | * | * | * | |
| Zimmer/Hotel | | | * | * | | |
| Bar/Restaurant | | | * | * | | * |
| Lebensmittelladen | | | * | * | | |
| Bank | | | | * | | |
| Apotheke | | | * | * | | |
| Med. Versorgung | | | | * | | |
| Radreparatur | | | | * | | |
| Distanz | 1,5 | 2,7 | 1,8 | 11,3 | 5,4 | 8 |
| km nach Santiago | 135,5 | 132,8 | 131 | 119,7 | 114,3 | 106,3 |
| Höhenmeter | | | 532 | 440 | 525 | 655 |

| Camino | H.d.l.Cruz/Ven. | Ligonde | Airexe | Rosario | Palas de Rei | Carballal |
|---|---|---|---|---|---|---|
| Refugio | * | | * | | * | |
| Zimmer/Hotel | | | | | * | |
| Bar/Restaurant | * | | | | * | |
| Lebensmittelladen | | | | | * | |
| Bank | | | | | * | |
| Apotheke | | | | | * | |
| Med. Versorgung | | | | | * | |
| Radreparatur | | | | | * | |
| Distanz | 2,9 | 4,2 | 1,4 | 6,2 | 1,4 | 2 |
| km nach Santiago | 83,5 | 79,3 | 77,9 | 71,7 | 70,3 | 68,3 |
| Höhenmeter | 690 | 580 | | | 565 | |

| Camino | A Peroxa | Castañeda | Rio | Ribadiso | Arzúa | Raido |
|---|---|---|---|---|---|---|
| Refugio | | | | * | * | |
| Zimmer/Hotel | | | | | * | |
| Bar/Restaurant | | | | | * | |
| Lebensmittelladen | | | | | * | |
| Bank | | | | | * | |
| Apotheke | | | | | * | |
| Med. Versorgung | | | | | * | |
| Radreparatur | | | | | * | |
| Distanz | 2,1 | 2,4 | 1,1 | 2,6 | 2,6 | 2,3 |
| km nach Santiago | 49,7 | 47,3 | 46,2 | 43,6 | 41 | 38,7 |
| Höhenmeter | | 415 | | 300 | 390 | 360 |

| O Cebreiro | Liñares | Alto S. Roque | Hospital | P. do Poio | Fonfría | Triacastela | San Cristobo |
|---|---|---|---|---|---|---|---|
| * | | | * | | | * | |
| * | | | | * | | * | |
| * | | | | * | | * | |
| | * | | | * | | * | |
| | | | | | | * | |
| | | | | | | * | |
| | | | | | | | |
| | | | | | | | |
| 4,4 | 3,4 | 1,2 | 1,3 | 3,2 | 3,2 | 11,5 | 4,5 |
| 165,3 | 161,9 | 160,7 | 159,4 | 156,2 | 153 | 141,5 | 137 |
| 1300 | 1240 | | | 1335 | 1280 | 660 | |

| Ferreiros | Mirallos | Moimentos | Parrocha | Portomarín | Toxibó | Gonzar | Castromaior |
|---|---|---|---|---|---|---|---|
| * | | | | * | | * | |
| | | | | * | | | * |
| | | | | * | | * | * |
| | | | | * | | | |
| | | | | * | | | |
| | | | | * | | | |
| | | | | * | | | |
| | | | | * | | | |
| 1,1 | 0,7 | 3 | 2,4 | 4 | 4 | 3,7 | 1 |
| 105,2 | 104,5 | 101,5 | 99,1 | 95,1 | 91,1 | 87,4 | 86,4 |
| | 650 | 580 | 480 | 350 | 500 | 540 | 600 |

| S. Xulián | Pallota | Casanova | Coto/Comp. | Leboreiro | Furelos | Melide | Raido |
|---|---|---|---|---|---|---|---|
| * | | * | | * | | * | |
| | | | | | | * | |
| | | | * | | * | * | |
| | | | | | | * | |
| | | | | | | * | |
| | | | | | | * | |
| | | | | | | * | |
| | | | | | | * | |
| 1,5 | 1,1 | 1,3 | 2,3 | 1,5 | 3,8 | 1 | 4 |
| 66,8 | 65,7 | 64,4 | 62,1 | 60,6 | 56,8 | 55,8 | 51,8 |
| 480 | | 480 | | 440 | 415 | 455 | 430 |

| Calle | Salceda | Santa Irene | Amenal | Lavacolla | Vilamaior | Monte Gozo | Santiago |
|---|---|---|---|---|---|---|---|
| | | * | | | | * | * |
| | | * | | | | | * |
| * | | | | * | | * | * |
| | | | * | * | | | * |
| | | | | | | | * |
| | | | | | | | * |
| | | | | | | | * |
| | | | | | | | * |
| 5,4 | 3,2 | 5,8 | 5,8 | 6,4 | 2,1 | 4,1 | 5,9 |
| 33,3 | 30,1 | 24,3 | 18,5 | 12,1 | 10 | 5,9 | 0 |
| 340 | 360 | 380 | 240 | 300 | 340 | 340 | 260 |

# Alternativroute

| Alternativroute | Pamplona | Astráin | Abzw. Perdón | Uterga | Muruzábal | Puente I. R. |
|---|---|---|---|---|---|---|
| Refugio | * | | | * | | * |
| Zimmer/Hotel | * | * | | * | | * |
| Bar/Restaurant | * | * | | * | * | * |
| Lebensmittelladen | * | | | | * | * |
| Bank | * | | | | | * |
| Apotheke | * | | | | * | * |
| Med. Versorgung | * | | | | | * |
| Radreparatur | * | | | | | * |
| Distanz | 0 | 9,6 | 3,1 | 3,6 | 2,7 | 4,4 |
| km nach Santiago | 784,9 | 775,3 | 772,2 | 768,6 | 765,9 | 761,5 |
| Höhenmeter | 446 | | 679 | 495 | | 345 |

| Alternativroute | Los Arcos | Sansol | Torres d. R. | Viana | Logroño | Navarrete |
|---|---|---|---|---|---|---|
| Refugio | * | | * | * | * | * |
| Zimmer/Hotel | * | | | * | * | * |
| Bar/Restaurant | * | * | * | * | * | * |
| Lebensmittelladen | * | | | * | * | * |
| Bank | * | | * | * | * | * |
| Apotheke | * | * | | * | * | * |
| Med. Versorgung | * | | | * | * | * |
| Radreparatur | | | | | * | |
| Distanz | 11,2 | 6,4 | 0,9 | 11,2 | 8,4 | 13 |
| km nach Santiago | 723,2 | 716,8 | 715,9 | 704,7 | 696,3 | 683,3 |
| Höhenmeter | 445 | 505 | 475 | 470 | 380 | 520 |

| Alternativroute | Tormantos | Belorado | Tosantos | Villalómez | Villamóndar | Cerratón |
|---|---|---|---|---|---|---|
| Refugio | | * | | | | |
| Zimmer/Hotel | | * | | | | |
| Bar/Restaurant | * | * | * | | | * |
| Lebensmittelladen | | * | | | | |
| Bank | | * | | | | |
| Apotheke | | * | | | | |
| Med. Versorgung | | * | | | | |
| Radreparatur | | | | | | |
| Distanz | 2,3 | 13,1 | 5,3 | 7,8 | 3,4 | 4,7 |
| km nach Santiago | 627,3 | 614,2 | 608,9 | 601,1 | 597,7 | 593 |
| Höhenmeter | | 770 | 818 | | | |

| Alternativroute | Tardajos | LasQintanillas | Villanueva | Yudego | Villandiego | Hontanas |
|---|---|---|---|---|---|---|
| Refugio | * | | | | | * |
| Zimmer/Hotel | * | * | * | | | * |
| Bar/Restaurant | * | * | * | * | | * |
| Lebensmittelladen | * | * | * | | | |
| Bank | * | | | | | |
| Apotheke | * | | | | | |
| Med. Versorgung | | | | | | |
| Radreparatur | | | | | | |
| Distanz | 4,9 | 3,6 | 7,7 | 8 | 2 | 11,1 |
| km nach Santiago | 541,5 | 537,9 | 530,2 | 522,2 | 520,2 | 509,1 |
| Höhenmeter | 825 | | | | | 867 |

| Mañeru | Cirauqui | Lorca | Villatuerta | Estella | Ayegui | Irache | Azqueta |
|---|---|---|---|---|---|---|---|
|  |  |  | * | * |  |  |  |
|  |  |  |  | * |  | * |  |
| * | * | * | * | * | * | * |  |
| * | * |  | * | * | * |  |  |
| * | * |  |  | * |  |  |  |
| * | * |  | * | * |  |  |  |
|  | * |  | * | * |  |  |  |
|  |  |  |  | * |  |  |  |
| 4,5 | 2,3 | 6 | 5 | 2,7 | 1,5 | 1,2 | 3,9 |
| 757 | 754,7 | 748,7 | 743,7 | 741 | 739,5 | 738,3 | 734,4 |
| 455 | 495 | 480 | 440 | 450 | 495 |  | 495 |

| uércanos | Nájera | Azofra | Alesanco | Cañas | St. Domingo | Herraméluri | Leiva |
|---|---|---|---|---|---|---|---|
|  | * | * |  |  |  | * |  |
|  | * |  | * | * | * |  |  |
| * | * | * | * | * | * | * | * |
| * | * | * | * |  | * |  |  |
| * | * |  | * |  | * |  |  |
| * | * |  |  |  | * |  |  |
|  | * |  |  |  | * |  |  |
|  | * |  |  |  | * |  |  |
| 12 | 4,7 | 7,5 | 1,6 | 3,8 | 10,8 | 11,1 | 2,2 |
| 671,3 | 666,6 | 659,1 | 657,5 | 653,7 | 642,9 | 631,8 | 629,6 |
|  | 500 | 559 |  |  | 640 |  |  |

| Juan d. O. | Santovenia | Zalduendo | Ibeas | Castanares | Burgos | Durchf.Burg. | Villalbilla |
|---|---|---|---|---|---|---|---|
| * |  |  |  |  | * |  |  |
|  |  |  |  |  | * |  |  |
| * |  | * | * | * | * |  | * |
|  |  |  | * |  | * |  |  |
|  |  |  | * |  | * |  |  |
|  |  |  | * |  | * |  | * |
|  |  |  |  |  | * |  |  |
|  |  |  |  |  | * |  |  |
| 16,1 | 3 | 2,8 | 4,3 | 8 | 3,5 | 6,2 | 2,7 |
| 576,9 | 573,9 | 571,1 | 566,8 | 558,8 | 555,3 | 549,1 | 546,4 |
| 1000 |  |  |  |  | 860 |  | 880 |

| n Antón | Castrojeriz | Castrillo | Boadilla | Frómista | Población | Revenga | Villarmentero |
|---|---|---|---|---|---|---|---|
|  | * |  | * | * | * |  |  |
|  | * |  |  | * |  |  |  |
|  | * |  | * | * | * | * | * |
|  | * |  | * | * |  | * |  |
|  | * |  |  | * |  |  |  |
|  | * |  |  | * |  |  |  |
|  | * |  |  | * |  |  |  |
|  |  |  |  | * |  |  |  |
| 5,5 | 2,3 | 5,3 | 16,3 | 5,9 | 3,2 | 3,5 | 2,3 |
| 503,6 | 501,3 | 496 | 479,7 | 473,8 | 470,6 | 467,1 | 464,8 |
|  | 808 |  | 784 | 787 | 790 |  | 793 |

| Alternativroute | Villalcázar | Carrión | Calzada | Cervatos | Quintanilla | Calzadilla |
|---|---|---|---|---|---|---|
| Refugio | * | * | | | | * |
| Zimmer/Hotel | * | * | | | | * |
| Bar/Restaurant | * | * | | * | | * |
| Lebensmittelladen | * | * | | * | | * |
| Bank | | * | | | | |
| Apotheke | | * | | | | |
| Med. Versorgung | | * | | | | |
| Radreparatur | | * | | | | |
| Distanz | 4,2 | 5,5 | 5,3 | 11 | 2,8 | 3,5 |
| km nach Santiago | 460,6 | 455,1 | 449,8 | 438,8 | 436 | 432,5 |
| Höhenmeter | 809 | 839 | | | | 860 |

| Alternativroute | Grajalejo | Santas Martas | Valdearcos | Mansilla | Villamoros | Villarente |
|---|---|---|---|---|---|---|
| Refugio | | | | * | | |
| Zimmer/Hotel | | * | * | * | | * |
| Bar/Restaurant | | * | * | * | * | * |
| Lebensmittelladen | | * | * | * | * | * |
| Bank | | | | * | | |
| Apotheke | | * | | * | | * |
| Med. Versorgung | | | | * | | |
| Radreparatur | | | | * | | |
| Distanz | 3,7 | 4,2 | 4 | 4,5 | 4,9 | 2 |
| km nach Santiago | 382 | 377,8 | 373,8 | 369,3 | 364,4 | 362,4 |
| Höhenmeter | | 836 | | 795 | 800 | 805 |

| Alternativroute | Santa Marina | Villamor | Puente d.O. | Hospital d.O. | Estebánez | San Justo |
|---|---|---|---|---|---|---|
| Refugio | | | | * | | |
| Zimmer/Hotel | | | | * | | * |
| Bar/Restaurant | * | * | | * | | * |
| Lebensmittelladen | * | * | | * | | * |
| Bank | * | | | * | | |
| Apotheke | * | | | * | | |
| Med. Versorgung | | | | * | | * |
| Radreparatur | | | | * | | |
| Distanz | 4,6 | 3,7 | 2,5 | 0,6 | 5,6 | 6,3 |
| km nach Santiago | 320,4 | 316,7 | 314,2 | 313,6 | 308 | 301,7 |
| Höhenmeter | 845 | | | | | 847 |

| Alternativroute | Manjarín | El Acebo | Riego de A. | Molinaseca | Ponferrada | Camponaraya |
|---|---|---|---|---|---|---|
| Refugio | * | * | * | * | * | |
| Zimmer/Hotel | | | | * | * | |
| Bar/Restaurant | * | | * | * | * | * |
| Lebensmittelladen | | | | * | * | * |
| Bank | | | | | * | * |
| Apotheke | | | | | * | * |
| Med. Versorgung | | | | | * | * |
| Radreparatur | | | | | * | * |
| Distanz | 4,6 | 6 | 3,4 | 6,6 | 6,2 | 8,3 |
| km nach Santiago | 263,5 | 257,5 | 254,1 | 247,5 | 241,3 | 233 |
| Höhenmeter | 1460 | 1150 | 920 | 590 | 540 | 490 |

| Ledigos | Terradillos | Moratinos | San Nicolás | Sahagún | Bercianos | El Burgo Ran. | Villamoratiel |
|---|---|---|---|---|---|---|---|
| * | * | | | * | * | * | |
| | | | | * | * | * | |
| * | | | * | * | * | * | * |
| * | | | | * | * | * | |
| | | | | * | | | |
| | | | | * | | * | |
| | | | | * | | | |
| | | | | * | | | |
| 6 | 3 | 3,4 | 2 | 5,8 | 11,6 | 7,4 | 7,6 |
| 426,5 | 423,5 | 420,1 | 418,1 | 412,3 | 400,7 | 393,3 | 385,7 |
| 880 | 885 | 860 | 840 | 816 | 850 | 875 | 845 |

| rcahueja | León | Durchf. León | Virgen | Valverde | San Miguel | Villandangos | Celadilla |
|---|---|---|---|---|---|---|---|
| | * | | | | | * | |
| | * | | * | | | * | |
| * | * | | * | * | * | * | * |
| * | * | | * | | * | * | |
| | * | | * | | | * | |
| * | * | | | | | * | |
| | * | | | | | * | |
| | * | | | | | | |
| 4,3 | 5,9 | 5,8 | 4,9 | 4,3 | 1,5 | 7,8 | 2,9 |
| 358,1 | 352,2 | 346,4 | 341,5 | 337,2 | 335,7 | 327,9 | 325 |
| 850 | 838 | | 905 | 890 | 905 | 890 | |

| Astorga | Murias d.R. | Castrillo | St. Catalina | El Ganso | Rabanal | Foncebadón | Cruz de Ferro |
|---|---|---|---|---|---|---|---|
| * | | | * | * | * | * | |
| * | | * | | | * | * | |
| * | * | * | * | * | * | | |
| * | | | | | | | |
| * | | | | | | | |
| * | | | | | | | |
| * | | | | | | | |
| * | | | | | | | |
| 2,9 | 5,8 | 1,9 | 3,2 | 4,2 | 7,5 | 5,5 | 2,6 |
| 298,8 | 293 | 291,1 | 287,9 | 283,7 | 276,2 | 270,7 | 268,1 |
| 868 | 880 | | 975 | 1000 | 1150 | 1440 | 1500 |

| agaz d.A. | Cacabelos | Pieros | Villafranca d.B. | Pereje | Trabadelo | La Portela | Ambasmestas |
|---|---|---|---|---|---|---|---|
| | * | | * | * | * | * | |
| | * | | * | | * | * | |
| | * | | * | | * | * | * |
| | * | | * | | | | * |
| | | | * | | | | |
| | * | | * | | | | |
| | * | | * | | | | |
| | | | * | | | | |
| 3,1 | 3 | 2,8 | 5,9 | 5,5 | 3 | 5,5 | 1,4 |
| 229,9 | 226,9 | 224,1 | 218,2 | 212,7 | 209,7 | 204,2 | 202,8 |
| | 485 | 525 | 505 | 540 | 575 | 580 | 600 |

| Alternativroute | Vega d.V. | Ruitelán | Herrerías | Las Lamas | El Castro | Pedrafita |
|---|---|---|---|---|---|---|
| Refugio | * | * | | | | |
| Zimmer/Hotel | * | * | | | | * |
| Bar/Restaurant | * | | | | | * |
| Lebensmittelladen | * | * | | | | * |
| Bank | * | | | | | |
| Apotheke | * | | | | | * |
| Med. Versorgung | | | | | | |
| Radreparatur | | | | | | |
| Distanz | 0,8 | 2,9 | 1,1 | 2,6 | 4,7 | 2,5 |
| km nach Santiago | 202 | 199,1 | 198 | 195,4 | 190,7 | 188,2 |
| Höhenmeter | 630 | 690 | 675 | | | 1010 |

| Alternativroute | Renche | San Martino | Samos | Sarria | Paradela | Castro |
|---|---|---|---|---|---|---|
| Refugio | | | * | * | | |
| Zimmer/Hotel | | | * | * | | |
| Bar/Restaurant | | | * | * | * | |
| Lebensmittelladen | | | * | * | * | |
| Bank | | | | * | | |
| Apotheke | | | * | * | | |
| Med. Versorgung | | | | * | | |
| Radreparatur | | | | * | | |
| Distanz | 1,5 | 2,7 | 1,8 | 11,3 | 16,6 | 3,8 |
| km nach Santiago | 154 | 151,3 | 149,5 | 138,2 | 121,6 | 117,8 |
| Höhenmeter | | | 532 | 440 | 608 | |

| Alternativroute | Palas de Rei | Carballal | Coto/Camp. | Melide | San Martino | Arzúa |
|---|---|---|---|---|---|---|
| Refugio | * | | | * | | * |
| Zimmer/Hotel | * | | | * | | * |
| Bar/Restaurant | * | | * | * | * | * |
| Lebensmittelladen | * | | | * | | * |
| Bank | * | | | * | | * |
| Apotheke | * | | | * | | * |
| Med. Versorgung | * | | | * | | * |
| Radreparatur | * | | | * | | * |
| Distanz | 1,6 | 2,2 | 10,2 | 4,5 | 8,2 | 12,7 |
| km nach Santiago | 85,9 | 83,7 | 73,5 | 69 | 60,8 | 48,1 |
| Höhenmeter | 565 | | | 455 | | 390 |

| Alternativroute | Vilamaior | Monte Gozo | Santiago |
|---|---|---|---|
| Refugio | | * | * |
| Zimmer/Hotel | | | * |
| Bar/Restaurant | | * | * |
| Lebensmittelladen | | | * |
| Bank | | | * |
| Apotheke | | | * |
| Med. Versorgung | | | * |
| Radreparatur | | | * |
| Distanz | 1,1 | 4,1 | 5,9 |
| km nach Santiago | 10 | 5,9 | 0 |
| Höhenmeter | 340 | 340 | 260 |

| O Cebreiro | Liñares | Alto S. Roque | Hospital | P. do Poio | Fonfría | Triacastela | San Cristobo |
|---|---|---|---|---|---|---|---|
| * | | | * | | | * | |
| * | | | | * | | * | |
| * | | | | * | | * | |
| | * | | | * | | * | |
| | | | | | | * | |
| | | | | | | * | |
| | | | | | | | |
| | | | | | | | |
| 4,4 | 3,4 | 1,2 | 1,3 | 3,2 | 3,2 | 11,5 | 4,5 |
| 183,8 | 180,4 | 179,2 | 177,9 | 174,7 | 171,5 | 160 | 155,5 |
| 1300 | 1240 | | | 1335 | 1280 | 660 | |

| Portomarín | Toxibó | Gonzar | Castromaior | H.d.l.Cruz/V. | Ligonde | Airexe | Rosario |
|---|---|---|---|---|---|---|---|
| * | | * | | * | | * | |
| * | | | * | | | | |
| * | | * | * | * | | | |
| * | | | | | | | |
| * | | | | | | | |
| * | | | | | | | |
| * | | | | | | | |
| * | | | | | | | |
| 7,1 | 5 | 3,1 | 0,8 | 3 | 4,2 | 1,4 | 5,7 |
| 110,7 | 105,7 | 102,6 | 101,8 | 98,8 | 94,6 | 93,2 | 87,5 |
| 350 | 500 | 540 | 600 | 690 | 580 | | |

| Baiobre | Oca de Arriba | Touro | Loxo | Bama | Xeisteira | Amenal | Lavacolla |
|---|---|---|---|---|---|---|---|
| | | | | | | | |
| | | * | * | | * | | * |
| | | * | * | | * | * | * |
| | | * | | | | | |
| | | * | | | | | |
| | | | | | | | |
| | | | | | | | |
| 9,3 | 1 | 7,6 | 2,2 | 4,2 | 1 | 5,7 | 6 |
| 38,8 | 37,8 | 30,2 | 28 | 23,8 | 22,8 | 17,1 | 11,1 |
| | | | | | | 240 | 300 |

# Notizen